10の姿で伝える！要録ハンドブック

保育所児童保育要録　幼稚園幼児指導要録
幼保連携型認定こども園園児指導要録

2018年度からの新要録に対応

監修
大方美香
（大阪総合保育大学大学院教授）

はじめに

　平成30年、「保育所児童保育要録」「幼稚園幼児指導要録」「幼保連携型認定こども園園児指導要録」が新しくなりました。これは平成29年に、3法令（保育所保育指針・幼稚園教育要領・幼保連携型認定こども園教育・保育要領）が同時改定（訂）されたのを受けてのことです。

　保育所、幼稚園、幼保連携型認定こども園はいずれも、同じ幼児教育を行う施設であることが明確に位置付けられました。そこには共通の「幼児教育の在り方」が示され、幼児教育で育みたい「資質・能力」や幼児期の終わりまでに育ってほしい姿（以下、10の姿とする）が明記されています。これに合わせて要録の記載内容も整理され、保育所、幼稚園、幼保連携型認定こども園それぞれの書式や記載事項にも整合性が取られました。

　保育（幼児教育）の主軸は、保育の内容である「5つの領域」と「資質・能力」の3つの柱です。新しい要録は、「資質・能力」と「5つの領域」が絡み合いながら、子どもがどのような育ちの姿を示すかを経過記録を基にして記述します。大きなポイントは、10の姿の視点を参考にして5歳児の育ちを記述することになった点でしょう。

　10の姿を活用し、子どもにどのような「資質・能力」が育ちつつあるのかを小学校に分かりやすく伝えます。小学校教諭が入学初期の子どもを適切に指導し、育ちを継続して支えられるようにすることが「要録」の役割です。

　また、「資質・能力」や10の姿は「要録」を書くときにだけ意識するものではありません。日常の保育活動においても、子どもの内面の育ちを読み取りながら記録したり、自分たちの保育を評価したりすることが大切です。それが「要録」を書く際にも役立つはずです。

　この本では、10の姿を参考にして子どもの姿や育ちの書き方を解説し、「要録」に使える文例を数多く紹介しています。ぜひ参考にしてください。この本が「要録」を書くために活用されるのはもちろんのこと、記録の取り方を含めた日々の保育活動を見直し、保育の質を高めるために役立てていただけますよう祈念しています。

大方美香

（大阪総合保育大学大学院教授）

- はじめに ……… 3

PART 1　なぜ？ なに？ どうする？ 要録の基本 ……… 7

知ってる?! 「要録」ってこんなに大事！ ……… 8

「要録」のフォーマットは？ ……… 10

- 保育所児童保育要録 ……… 10
- 幼稚園幼児指導要録 ……… 12
- 幼保連携型認定こども園園児指導要録 ……… 14

知ってる?! 「要録」の基本ルール ……… 16

- 記入するときのルール ……… 16
- 保管するときのルール ……… 18
- 提出するときのルール ……… 21

書き方の心得10か条 ……… 22

- その1　「事実」＋「子どもの育ちつつある姿」を記入する ……… 23
- その2　「10の姿」の視点で書く ……… 24
- その3　「どの子にも当てはまる表現」は避ける ……… 25
- その4　マイナス面は書かない・他の子と比較しない ……… 26

- その5 誤解を招く言葉を使わない …… 27
- その6 園でしか通じない言葉は使わない …… 28
- その7 1文を長くしない・枠いっぱいに書かない …… 29
- その8 「〜させる」は使わない …… 30
- その9 個人情報は書かない …… 31
- その10 小学校の先生が知りたい内容にも配慮する …… 32

PART 2 「10の姿」でどう書く？ 5歳児の育ち …… 33

「10の姿」の視点で5歳児の姿を伝えよう …… 34

- 「10の姿」って何？ …… 35
- 「10の姿」と「5領域」「資質・能力」の関係は？ …… 36
- 「10の姿の視点で書く」とは？ …… 37

5歳児の姿はココに書く！ …… 38

「10の姿」で書くコツは？ …… 40

- 「10の姿」が見える！記入例 …… 41

「10の姿」の視点で書く5歳児 …… 44

- 「健康な心と体」の文例 …… 44
- 「自立心」の文例 …… 48
- 「協同性」の文例 …… 52
- 「道徳性・規範意識の芽生え」の文例 …… 56
- 「社会生活との関わり」の文例 …… 60
- 「思考力の芽生え」の文例 …… 64
- 「自然との関わり・生命尊重」の文例 …… 68
- 「数量や図形、標識や文字などへの関心・感覚」の文例 …… 72
- 「言葉による伝え合い」の文例 …… 76
- 「豊かな感性と表現」の文例 …… 80

要録のザンネン文例8 …… 84

PART 3 保育所児童保育要録　幼稚園幼児指導要録 幼保連携型認定こども園園児指導要録 各要録の書き方 …… 89

- 保育所児童保育要録の書き方 …… 90
- 幼稚園幼児指導要録の書き方 …… 96
- 幼保連携型認定こども園園児指導要録の書き方 …… 104

PART 1

なぜ？ なに？ どうする？ 要録の基本

「要録って何のために必要なの?」「どう書けばいいの?」などなど、要録の基本を分かりやすく解説！ 保育所、幼稚園、幼保連携型認定こども園、それぞれの様式や、書き方のルール・書くときの心得などを紹介します。

知ってる?! 「要録」ってこんなに大事！

要録の目的や意義

子どもたちの育ちを記入し、小学校へ送付することが義務付けられている「要録」。「要録」はなぜ、必要？まず、その目的と大切さを理解しておきましょう。

子どもたちの育ちや幼児教育の成果を伝える「要録」

「要録」とは、園生活の日々の経過記録を振り返りながら、その子どもの最も伸びてきたところは何か、何が育ちつつあるのかを小学校へと引き継ぐ資料です。「保育所児童保育要録」「幼稚園幼児指導要録」「幼保連携型認定こども園園児指導要録」があります。幼稚園、こども園は教育課程があり在籍証明の意味もありますが、「要録」の主な目的は小学校との連携にあります。

要録の目的❶ 小学校の指導に生かす！

「要録」には、子どもの「資質・能力」を小学校教諭と連携・共有することにより、個々に合わせた指導や援助に生かす役割があります。子どもの育ちつつある姿をつなげることが大切です。

要録の目的❷ 幼児教育の意味を伝える！

園では、活動（遊び・生活）を通して、子どもが様々なことを学び、成長しています。そういった子どもの育ちを「要録」にまとめることで、「幼児教育」の意味を小学校教諭に伝えることができます。

要録の目的❸ 保育者の成長を助ける！

保育の経過記録を見直しながら、「要録」を記入します。その過程で、保育を振り返り、改善点を見つけることができます。「要録」の作成は、保育者の成長にもつながります。

「要録」のフォーマットは？

保育所・幼稚園・こども園の様式と記入事項

「保育所児童保育要録」「幼稚園幼児指導要録」「幼保連携型認定こども園園児指導要録」、それぞれの基本フォーマットを紹介します。フォーマットは自治体や園によって多少の違いはありますが、基本の様式で、おおまかな記入内容を確認しておきましょう。

保育所児童保育要録

※平成30年、厚生労働省作成の様式を参照。

1枚目 「入所に関する記録」

子どもの氏名、住所、生年月日、入所日や卒所日、保護者の情報など、子どもの基本情報を記入する用紙だよ。

>>> 詳しい書き方は、90ページへ

基本情報だって丁寧に！
気を抜いては
いけませんよ〜。

2枚目 「保育に関する記録」

最終年度に至るまでの育ちに関する事項

入所した年齢と、入所から4歳児までの子どもの育ちの姿を記入しよう。

>>> 詳しい書き方は、**92**ページへ

特に配慮すべき事項

子どもの健康状態など、配慮が必要なことを書く欄だけど、よほどのことがない限り、病歴などの個人情報は書かないのが基本だよ。

>>> 詳しい書き方は、**92**ページへ

幼児期の終わりまでに育ってほしい姿（10の姿）について

保育所児童保育要録には、別紙として10の姿について「保育所保育指針」の原文が書かれた用紙も付いているよ。

>>> 10の姿について、詳しい説明は**34**ページへ

保育の展開と子どもの育ち

この欄には、10の姿の視点で、5歳児の育ちつつある姿を記入するよ。

ココが「要録」の一番のポイント！

>>> 詳しい書き方は、**33**ページへ

PART 1 要録の基本

幼稚園幼児指導要録

※平成30年、文部科学省作成の様式を参照。

1枚目 「学籍に関する記録」

「学籍に関する記録」は、子どもが園に在籍したことを証明する公式の書類だよ。

1枚目は、子どもの氏名や生年月日、入園日や修了日、学年ごとの学級名や担任名など、子どもの基本情報を記入する書類。基本的に、子どもが入園したときや進級・卒園するときに記入するよ。

>>> 詳しい書き方は、96ページへ

2枚目 「指導に関する記録」

指導上参考となる事項

ここには4歳までの育ちの姿を書くよ。各学年の終わりに、その年の担任が記入するんだ。幼児教育で育みたい「資質・能力」を意識して書くことがポイント！

>>> 詳しい書き方は、98ページへ

「指導上参考となる事項」などの記入欄が3年度分あるのは、満3歳児保育を行っている幼稚園があるため。左から、満3歳児、3歳児、4歳児について記入するよ。

3枚目 「最終学年の指導に関する記録」

幼児期の終わりまでに育ってほしい姿

幼稚園の「要録」には、3枚目に幼児期の終わりまでに育ってほしい姿（10の姿）の説明として、「幼稚園教育要領」に書かれた原文が掲載されているよ。

10の姿については、34〜37ページで詳しく説明しているよ！

ココが「要録」の一番の重要ポイント！

指導上参考となる事項

5歳児の育ちについて書く欄。5歳児の1年を振り返り、子どもの育ちつつある姿を10の姿の視点で書くことが大切！

>>> 詳しい書き方は、33ページへ

「備考」

出欠状況に関しての備考欄。長期の欠席や忌引休暇などがあった場合などに、欠席理由と欠席日数を書くよ。

>>> 詳しい書き方は、98・102ページへ

「学年の重点」「個人の重点」「出欠状況」

>>> 詳しい書き方は、98・102ページへ

幼保連携型認定こども園園児指導要録

※平成30年、内閣府作成の様式を参照。

1枚目 「学籍等に関する記録」

基本的に、子どもが入園したときや進級したときに記入していくよ。

子どもが園に在籍したことの公式な証明書になる書類。子どもの氏名や生年月日、入園や修了の年月日、各学年の学級名や担任名などを記入するよ。

>>> 詳しい書き方は、**104**ページへ

2枚目 「指導等に関する記録」

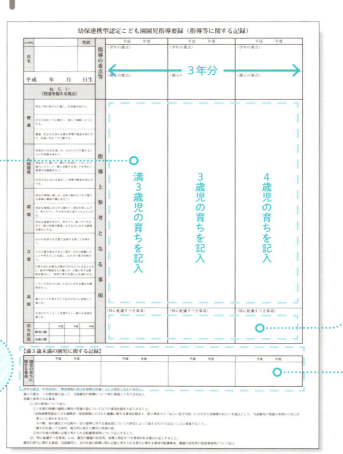

指導上参考となる事項

1年で子どもがどんなふうに育ったかを、その年の担任が記入。幼児教育で育みたい「資質・能力」のどこが伸びたのかが分かるように書くのがポイントだよ。

>>> 詳しい書き方は、**106**ページへ

「指導上参考となる事項」などの欄が3年度分あるのは、満3歳で入園した子どもの場合、満3歳、3歳、4歳と3年分の記録をつける必要があるからだよ。

3枚目 「最終学年の指導に関する記録」

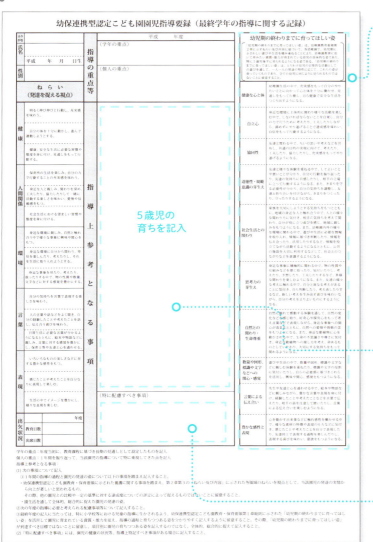

満3歳未満の園児に関する記録

0歳から2歳までの子どもが、各学年をどう過ごしたか、どんなふうに成長したかを記入する欄。記入欄が4つあるのは、入園した月齢によっては、0歳児クラスに2年間在籍することがあるからだよ。

>>> 詳しい書き方は、106ページへ

幼児期の終わりまでに育ってほしい姿

こども園の「要録」の3枚目には幼児期の終わりまでに育ってほしい姿（10の姿）について、「幼保連携型認定こども園教育・保育要領」に書かれた原文が掲載されているよ。

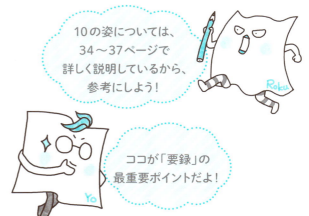

10の姿については、34～37ページで詳しく説明しているから、参考にしよう！

ココが「要録」の最重要ポイントだよ！

指導上参考となる事項

ここには、5歳児の育ちの姿を書くよ。5歳児の1年を振り返って、子どものどんな「資質・能力」が伸びたのかを、10の姿と照らし合わせて書くことが大切だよ。

>>> 詳しい書き方は、33ページへ

特に配慮すべき事項

子どもの健康状態など、配慮すべきことがあれば記入する。ただし、病歴などは重要な個人情報だから、書く場合には保護者の同意が必要だよ。

>>> 詳しい書き方は、106・110ページへ

「学年の重点」「個人の重点」「出欠状況」

>>> 詳しい書き方は、106・110ページへ

知ってる?!「要録」の基本ルール

記入・保管・提出の方法

「要録」は法律で定められた公的な文書のため、書き方や取り扱い方の決まりを守って正しく作成しなければなりません。その基本的なルールを押さえておきましょう。

記入するときのルール

ルール1 筆記用具について

「要録」は、何を使って書けばいいのですか?

手書きの場合は、**黒色のペンやボールペン**を使って書くのが決まりだ!
公式文書だから、消せるボールペンはだめだぞ。

「要録」は、手書きで作成しなくてはいけないのですか?

園によって決まりがあると思うけれど、基本的に、**パソコンで作成してもよい**ことになっているよ。

パソコンを使えば、修正も簡単で、慣れれば作業時間を短縮できる。ただし、情報が流出しないよう、万全の体制をとる必要がある。

書くときの基本は黒ペン。パソコンも♡

その他 記入方法にはこんなルールがあります

● **数字は算用数字を使いましょう**
〇 1、2、3、4
✕ 一、二、三、四

● **常用漢字を使うようにしましょう**
特にパソコンを使うときには、人名や、地名などの固有名詞以外は、難しい漢字の使用は避けるようにします。

ココ大事!

ルール2 修正方法について

あ、字を間違えちゃった！ 修正液を使って直せばいいか……。

「要録」には、修正液を使うことが禁止されているんだ。

では、どうやって修正すればいいですか？

修正液はNG！二重線と訂正印

間違えてしまったところに二重線を引いて、そこに訂正者が押印をしたうえで、正しく書き直すようにするのさ。

例）東京都 ~~夫田区上池台~~ (山田)
　　品川区西五反田○－△－□

ルール3 保護者への説明について

実は、「要録」を書くうえで、もう一つ知っておいてほしいルールがあるんだ！

それは何ですか？

事前に、保護者に対して、「要録」のことを説明しておくということなんだよ。「要録」の内容や目的の他、小学校に提出することが義務化されていることを伝えよう。後々、保護者が不安や不満をもたないように、理解を得ておくといいよ。

保護者への「要録」の報告ができればグー！

保護者に報告・確認しておくべきことは？

- □ 「要録」には子どもや保護者の名前・住所などの個人情報の他、子どもの育ちについて記述されること。
- □ 「要録」は、子どもの優劣を記録する成績表のようなものではなく、子どもの特性や能力を理解してもらい、小学校での子どもの指導に生かしてもらうためのものであること。
- □ 「要録」を作成して、小学校へ提出することは、国によって義務付けられていること。
- □ 原本は園で厳重に管理し、小学校以外へ情報が伝わる心配はないこと。
- □ 住所・就学先の確認（住所や就学先が変わったときには必ず知らせてほしいというお願いをする）。

保管するときのルール

ルール4　情報の流出防止について

あー、仕事忙しすぎて要録書く時間がない。家でやろうかなー……。

ちょっと待った！　要録を園外に持ち出すなんてありえませんぞ。個人情報が流出したらどうする!?

個人情報が流出しないためにはどうしたらいいの？

下に書かれた鉄則を守ること！　用心に越したことはないよ。外部に漏れないように配慮しよう。

鉄則③の「データの保存に注意」って、どうすればいいの？

作成したデータはパソコン以外の別の場所に保存するなど、データ流出を防ぐ工夫をすることが大切だ。

鉄則❶
外部の人に内容を漏らさない

鉄則❷
要録用紙を持ち帰らない

鉄則❸
データの保存に注意

「要録」は漏らすべからず！持ち出し厳禁。

- 園外の人に話すのはもってのほか。たとえ園内部の人が相手でも、園外では誰が聞いているか分からないので話さない。
- 「要録」をパソコンで作成した場合は、外部からの不正アクセスやパソコンの盗難などによってデータが流出しないよう対策を。例えば、データは内蔵ハードディスクではなく、外部の媒体に保存して、外への持ち出しは禁止にする。
- 内部においても、特定の人だけがパソコンにアクセスできるようにしたり、パスワードを入力しないと開けないようにしたり、厳重な管理が必要。

ルール5 保管方法について

「要録」が書き終わりました！
完成した「要録」は、どう取り扱えばよいのですか？

「要録」には個人情報が含まれているので、
原本は、**園で厳重に保管**する必要があるぞ。

どんなところで保管すればいいんでしょうか？

「要録」専用の保管場所をきちんと確保することが大切。
例えば、**鍵のかかる棚や倉庫**など、
簡単には取り出せない場所に保管するようにしよう。

パソコンで作成した場合は、どうすればよいのですか？

その場合も、プリントアウトして押印したものが原本になるぞ。

※「電子署名」を行う場合を除く。

保管中はどんなことをすればよいのですか？

例えば、こんな取組が必要だ。

- 「要録」の保管に関する責任者を決めて、その人が保管場所の鍵を管理する。
- 保管している「要録」を見る場合は、書面で施設の責任者（所長、園長など）に許可を得るなどのルールを決めておく。

鍵付きの場所を選んで厳重保管。

ルール6 保管期間について

「要録」はどのくらいの間保管しておけばよいのですか？

「要録」は、子どもが小学校を卒業するまで、保管することが望ましいとされているぞ。

ただし、幼稚園や幼保連携型認定こども園の「学籍（等）に関する記録」については、保管期間がもっと長くて、20年とされている。

保管期間が過ぎた「要録」は処分していいんですね？

保管する必要がなくなった「要録」は廃棄してOK。ただそのときは、シュレッダーにかけたり、機密文書廃棄業者に依頼したりして、個人情報が流出しないように気を付けてね。

6年間保管。その後、シュレッダー！

ルール7 情報開示について

保護者から「要録」に何が書かれているのか見たいと言われたのですが、見せてもよいのでしょうか？

保護者から自分の子どもの「要録」を見せてほしいと「情報開示」の請求があったら、応じるのが原則だ。

ただし、その子どもの保護者以外から請求があっても、「要録」を見せることはできない。

「要録」の保管方法やルールについては、園の全ての職員に説明して、全員が把握するようにしよう。

了解しました！

保護者からの開示請求には応じること！

提出するときのルール

ルール8 何を、いつ、どう提出する

「要録」の原本は、園に保管しなければならないのは分かりました。では、小学校へはどうやって「要録」を渡せばよいのですか？

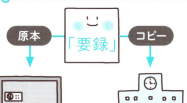

小学校へ提出するのは、「要録」原本のコピーや抄本（最終年度の写し）だ。

小学校へは、「要録」のコピーなどを直接持っていけばよいのですか？

「要録」は、個人情報が記されている資料だから、途中で紛失しないように、確実に届けることが大切。**直接手渡しするか、簡易書留郵便で送付**するのが一般的さ。

いつまでに「要録」を小学校へ提出すればよいのですか？

提出期限は、3月中旬〜下旬のところが多いが、**自治体や学校によって違う**。公立小学校の場合は管轄の自治体に、私立の場合は学校に直接、確認することが必要だぞ。

「要録」のコピーや抄本は、手渡しか、簡易書留郵便で。

書き方の心得10か条

子どもの育ちが伝わる「要録」にするには？

「要録」の「指導上参考となる事項（最終学年）」や「保育の展開と子どもの育ち」の部分を書くとき、どのようなことを意識すればよいのか、注意すべき点は何かを解説します。

「事実」＋「子どもの育ちつつある姿」を記入する

小学校教師に子どもの姿を生き生きと伝えるためには、ふだんの子どもの様子を具体的に書く必要があります。ただし、「こういうことがあった」という事実を書くだけでは意味がありません。「要録」は子ども一人一人の「資質・能力」を記録する資料だからです。

子どもが園でどのような遊びや活動をしているかだけではなく、そういった経験を通して子どもが**何に気付き、何を楽しみ、何ができるようになったのか**を記入しましょう。例えば、子どもが好きな遊びを繰り返し行う中で、どのような育ちつつある姿が見られたかを振り返り、それを記入するようにします。

ザンネン例

体を動かす遊びが大好きで、自由時間には、友達を誘って、園庭でドッジボールやサッカーなどを楽しんでいる。その中で、友達にルールやボールの投げ方などを教える姿も見られる。

> 保育者が外から見た子どもの様子を書いているだけで、子どもの育ちが見えてこないぞ！

グッジョブ例

友達とドッジボールやサッカーをして遊ぶことが大好きです。**何をして遊ぶか、友達と意見が合わなくて、葛藤することもあったが、徐々に、人の意見を聞いたり、リーダーシップをとってみんなの意見をまとめたりできるようになってきた。**
また最初は自分が勝つことだけに一生懸命だったが、みんなで楽しむ大切さを覚え、友達の気持ちを思いやる気持ちが育まれつつある。
友達にルールやボールの投げ方などを教える姿も見られるようになった。

> 遊びや活動の中で、どんな資質や能力が育まれているか具体的に書こう！

> 「以前できなかったことができるようになった」「新しいよい面が見られるようになった」など、子どもの変化を見逃すなよ!!

その2 「10の姿」の視点で書く

詳しくはPART2 (33ページ〜) へ

　5歳児の育ちつつある姿を記入する際、意識してほしいのが、「保育所保育指針」「幼稚園教育要領」「幼保連携型認定こども園教育・保育要領」に記載されている10の姿（幼児期の終わりまでに育ってほしい姿）です。

　10の姿は、5歳児頃の子どもによく見られる様々な育ちの姿です。10の姿の視点で子ども一人一人を見ていくと、「ああ、Aくんは試したり、工夫したり、繰り返しながら『思考力』が育ってきているな」「Bちゃんは『言葉による伝え合い』が育ちつつある」など、具体的に理解しやすくなります。「要録」も同じように、10の姿に照らし合わせて書いていくと、小学校教諭にも伝わりやすくなります。

その3 「どの子にも当てはまる表現」は避ける

「要録」で伝えたいのは、子どもたち一人一人の成長する姿です。**子どもの様子が生き生きとイメージできるような表現を心がけましょう。**反対に、どの子にも当てはまるような抽象的な表現は避けなければいけません。

例えば、「明るく伸び伸び遊んでいる」「友達に積極的に声をかけている」というだけでは、その子らしさは見えてきません。きれいな言葉でまとめようとするのではなく、子どもたちそれぞれの育ちが分かるように、できるだけ具体的に書くことが大切です。

ザンネン例 ×

体を動かすことが好きで、友達と一緒に外で遊んでいることが多い。その中で、友達と協力する姿も見られるようになってきた。

> 多くの子どもに当てはまるような曖昧な表現。その子の特性や育ちが具体的にイメージできないよ。

グッジョブ例 ○

体を動かすことが大好きで、「サッカーをやろう」「おにごっこしない?」などと自分から友達に声をかけ、外遊びを楽しんでいる。その中で数やルールに気付き、多数決で遊びを決めたり、友達と話し合って折り合いを付けたりして、友達と協力する姿も見られるようになってきた。

- 子どもたちの姿でしょ……えっと〜。
- Bちゃんはおとなしい子。
- Cちゃんはスーパー元気な子。
- Aくんは明るい子。

- 「明るい」「おとなしい」なんて漠然とした言葉では、その子どもの生き生きとした姿が浮かびませんね〜。
- 日々の保育の中で見える子どもの姿を具体的に書くんだ!

マイナス面は書かない・他の子と比較しない

「根気がないので、こまめな声かけが必要」など「要録」に子どものマイナス面を書き込む人がいますが、これはNG。小学校教諭に子どもへの援助や理解を求めるつもりかもしれませんが、結果的に間違った先入観を与えることになりかねません。

また、「要録」は保護者から請求があれば開示しなければならないことを意識する必要があります。**それぞれの子どもがもっているよいところを書くようにしましょう。**

そのとき気を付けてほしいのが、**他の子と比較しない**ということ。子どものよいところを探そうとすると、無意識に「他の子よりも得意なことは何か?」などと考えてしまいがちです。「要録」は子どもの優劣を記述するものではありません。**子どもたち一人一人の育ちに着目して書くようにしましょう。**

友達の意見に影響されやすく、保育者が促さないと、自分の意見を言えない。

> マイナス面ばかり書かれていて、読み手に子どもの悪い印象を植え付けてしまう可能性があるぞ。

自分の気持ちを言葉で表すことは恥ずかしがって言えない場面も見られた。しかしながら、保育者の寄り添いや励ましにより友達の意見に耳を傾けつつ、自分の意見を友達に伝えられるようになった。このことから、少しずつ明るさをもち自信をもってごっこ遊びの中でも工夫しようとする姿が見られるようになってきた。

> 他の子と比べるのではなく、現在の子どもの姿と進級当初のその子を比較しよう。

> 以前と比べてその子のぐーんと伸びた部分を書けばいいんだよ。

心得10か条 その5 誤解を招く言葉を使わない

　子ども一人一人のよい面が伝わる文章にするには、言葉選びも大切です。使う言葉によっては、自分の意図とは違う意味で捉えられることもあるので注意しましょう。

　例えば、「おとなしい」と書くと、読み手によっては、「積極性が足りない」と受けとる可能性もあります。この場合は、「友達の話をよく聞く」「協調性がある」などと言い換えるほうが安心です。マイナスにとられるかもしれない言葉は、できるだけ**ポジティブな表現に変換し、誤解されないように気を付けます**。その際、「×おしゃべり→○言葉での表現力が豊か」など、10の姿を意識した言葉を選ぶとよいでしょう。

ポジティブな表現を心がけよう >>>

- ✕ おせっかい → ○ 困っている友達を助けようとする、思いやりがある
- ✕ おとなしい → ○ 協調性がある、人の話を注意深く聞く
- ✕ おしゃべり → ○ 自分の気持ちや考えを言葉にして伝えられる、言葉での表現力が豊か
- ✕ 甘えっ子 → ○ 人見知りしない

「うまいこと書けよ〜！」

「自己主張が強く、友達に対して意見が言える」……っと。書けた！

これはダメですね。

「自己主張が強い」という表現は、「わがまま」「人の意見を聞かない」ととられる可能性がありますね。

例えば「自分の思いを言葉で伝えることができる」という表現のほうがいいよ！

心得10か条 その6 園でしか通じない言葉は使わない

　保育者の中では当たり前に使われている言葉でも、小学校教諭には通じにくい言葉もあります。「要録」を記入するときは、そのような特殊な用語は使わないようにしましょう。

　例えば、園外保育、未満児、コーナー保育（遊び）など、園でしか使わない言葉は要注意。別の分かりやすい言葉に言い換えるようにします。

　書いた本人だけでは見落としもあるので、別の人が「誰もが分かる書き方になっているか」という視点でチェックすることも大切です。

誰もが分かる表現を心がけよう >>>

- ✕ 園外保育 → ○ 遠足、散歩など、活動内容を具体的に書く
- ✕ 縦割り保育 → ○ 異年齢児グループでの保育
- ✕ 未満児 → ○ 3歳未満児
- ✕ 以上児 → ○ 3歳以上児
- ✕ コーナー保育 → ○ 遊びを自ら選択する活動

「コーナー保育」って言葉は小学校の先生には分からないよ。

「遊び込む」も園独特の表現だからやめたほうがいいね！

「○○遊びに集中して取り組む」とかにしよう！

心得10か条 その7　1文を長くしない・枠いっぱいに書かない

　一つの文がダラダラと長すぎると、何が言いたいのか、要点が分かりづらくなり、伝えたい内容が伝わりません。また、1文が長いと、書いているうちに途中で主語が変わってしまうというミスも起きやすくなります。**1文で伝える事柄はなるべく一つに絞って、短く、簡潔な文**を心がけましょう。

　また、「要録」の場合、枠の端から端までぎゅうぎゅうに書き込んだり、文字が小さすぎたりするのも、読みづらさの原因になります。読む相手のことを考えて、見やすく書くことを意識することが大切です。

ザンネン例 ✕

　以前は、声をかけないと片づけや準備ができなかったが、最近は見通しをもって生活できるようになり、給食当番のときには、みんなより早めにおもちゃを片づけ、給食の準備に取りかかれるようになり、友達に「おかたづけして、きゅうしょくしつにいこう」などと声をかける姿が見られる。

グッジョブ例 〇

　保育士の手伝いが好きで、積極的な姿が見られた。給食当番のときには早めにおもちゃを片づけて見通しをもって給食の準備に取りかかるなど、予想しながら活動する姿が見られる。また、友達に「おかたづけしてから、きゅうしょくしつにいこう」などと自分から声をかける姿も見られる。

読みやすい書き方のポイントは？

幼保連携型認定こども園園児指導要録の一部

> 　体を動かして遊ぶことを好み、自分から積極的に友達を誘って、戸外でおいかけっこをしたり、遊具で遊んだり、意欲的に体を動かす姿が見られる。
>
> 　年長児としての自覚が芽生え、友達に声をかけて率先して当番活動に取り組んだり、年下の子どもに優しく声をかけて世話を焼いたりする姿が見られる。周りを見て、見通しをもって行動したり、相手の立場に立って行動したりすることができるようになっている。
>
> 　雲の形や大きさが毎日変化することに気付き、「きょうのくもはすごくおおきいね」「ひつじみたい」などと友達と伝え合ったり、図鑑や絵本などで調べたりして、さらに興味関心を深めている姿が見られる。

- 段落の頭は、1字下げにするか、「・」を付けて、文章の区切りを分かりやすくします。そして1文は短めに。
- 文章と文章の間にも適度な隙間を空けて、読みやすく。
- 枠いっぱいに書くと、読みづらいので、左右に余白をつくること。
- 文字の大きさにも注意！　小さすぎても大きすぎても✕。

PART2、3の記入例（44～111ページ）も参考にしてくれたまえ。

心得10か条 その8 「〜させる」は使わない

　保育は、子どもの主体性や意欲を大切にすることが基本です。その援助をするのが保育者の役割になります。「要録」の文章も、「子ども主体」の表現を意識しましょう。

　そこで使ってはいけないのが、「〜させる」という表現。これだと保育者が主体となってしまいます。例えば、「保育者が声をかけて片づけの習慣を身に付けさせた」「なわとびの練習をさせたら……」などという書き方はNGです。保育者の援助について触れたい場合には、「最初は保育者が声をかけるようにしたら、徐々に片づけの習慣が身に付いた」など、「〜させる」を使わないようにします。

以前は、野菜が嫌いで残すことが多かったが、ピーマンの栽培を手伝わせたところ、野菜に興味をもち、自分から食べるようになった。

「手伝わせた」では、保育者主体で、子どもに強制的にやらせたような印象を与えてしまうよ。

ピーマンの栽培を手伝うようになってから、野菜に興味をもち、自分で調べたり、大きさ、形の違いに気付いたりしながら食生活を楽しんでいる姿が見られるようになった。

「片づけさせると……」「練習させたとき……」などの表現は、子どもに無理やりやらせたような印象を与えてしまうから避けよう！

その9 個人情報は書かない

　「要録」には子どもや保護者の名前、住所といった必要な情報以外、個人情報は書かないようにします。例えば、「家庭での育児に問題がある」「何度も離婚歴がある」など、家庭内の問題について書くのはやめましょう。「個人情報保護」の目的もありますが、「要録」は保護者から開示請求があれば、その内容を見せる必要があることを忘れてはいけません。

　病歴についても詳しく書き込む必要はありません。アレルギーなどの配慮が必要な病気や症状がある場合は、「既往歴あり」などと記載する程度にとどめておきます。小学校入学前には必ず健康診断がありますし、その際、家族が提出する健康調査の書類もあるので、「要録」に書く必要はないのです。

　もし、子どものことで、小学校教諭に知っておいてほしい内容がある場合には、口頭で伝えるようにしましょう。

Aくんの「要録」

母親にネグレクトの
傾向があり、
食事の内容が……
歯磨きをしていない……

幾つか、直接お伝えしたいことがあります。

小学校教諭

家庭の事情や病歴などの個人情報は書かないのが基本だよ。

どうしても伝えたいことがある場合は、小学校の先生に口頭で伝えよう！

心得10か条 その10 小学校の先生が知りたい内容にも配慮する

「要録」は子どもたち一人一人の育ちを小学校に引き継ぐ資料です（幼稚園、幼保連携型認定こども園では教育課程としての在籍証明書でもあります）。大切なことは、ただ一方的に情報として伝えるのではなく、今までの指導のあり方や子どもの育ちつつある姿を伝えることで、小学校での指導や援助に役立ててもらうことにあります。そのためには、保育者が、自分たちが伝えたいことを書くだけではなく、**小学校教諭が知りたい情報を意識した内容にしなければなりません。**

では小学校教諭が知りたい情報とは何でしょうか。小学校教諭の多くが力を入れているのはクラス運営です。そこで必要となる情報は、集団生活の中で見せる子ども一人一人の育ちつつある姿でしょう。

大切なことは、幼児期の終わりまでに育ちつつある姿を小学校で継承していくことです。例えば「口数が少なく、一人でいることが多い子」とみなしてしまわれがちな子どもであっても、実は「周りのことをよく見ていて、困っている子がいるとそっと寄り添い、声をかけることができる」という側面があるかもしれません。そうした子どもの育ちつつある姿を要録に記載しておくとどうでしょうか。こういった、外から見ただけでは分からない**その子の「資質・能力」が「要録」に記されていれば、それは子どもの育ちを小学校教諭に連携・接続できる情報になります。**

例えば……>>>

- 人とどんなふうにコミュニケーションを取るのか？
- 好きなこと、得意なことは何か？
- どんな友達と仲がよいのか？
- どんなふうに指導、援助してきたのか？

小学校の先生たちは、子どもたちの個性を知りたいと思ってるよ。

小学校の先生がほしい情報は、勉強に関することじゃないぞ！

PART 2

「10の姿」で どう書く？ 5歳児の育ち

要録の最大のポイントは、5歳児の育ちの姿を10の姿の視点で書くということ。この章では、10の姿の意味や捉え方と、要録を書くときの参考になる「10の姿の視点で書いた5歳児の文例」を紹介します！

5歳児の書き方・基礎編
「10の姿」の視点で5歳児の姿を伝えよう

「要録」に5歳児の姿を書くとき意識してほしいのが、10の姿の視点です。
そこで、まずは、10の姿とは何か、10の姿の視点をもつにはどうすればよいかなど、
要録を書く前に知っておくべきポイントを整理しておきましょう。

「10の姿」って何？

「10の姿」は、育ってほしい姿

　10の姿とは、幼児教育で育みたい「資質・能力」を踏まえて、「幼児期の終わりまでに育ってほしい姿」を具体的に表したもので、右の表に書かれた10項目になります。平成29年の「保育所保育指針」「幼稚園教育要領」「幼保連携型認定こども園教育・保育要領」の同時改定（訂）によって、新しく示された内容で、3法令全てに明記されています。

幼児期の終わりまでに育ってほしい姿（10の姿）

- 健康な心と体
- 自立心
- 協同性
- 道徳性・規範意識の芽生え
- 社会生活との関わり
- 思考力の芽生え
- 自然との関わり・生命尊重
- 数量や図形、標識や文字などへの関心・感覚
- 言葉による伝え合い
- 豊かな感性と表現

「保育所保育指針」や「幼稚園教育要領」「幼保連携型認定こども園教育・保育要領」の第1章には、こう書かれているよ！

原文
幼児期の終わりまでに育ってほしい姿
次に示す「幼児期の終わりまでに育ってほしい姿」は、第2章に示すねらい及び内容に基づく（保育）活動全体を通して資質・能力が育まれている子ども（幼児、園児）の小学校就学（幼稚園修了、幼保連携型認定こども園修了）時の具体的な姿であり、保育士等（教師、保育教諭等）が指導を行う際に考慮するものである。

「保育所保育指針」「幼稚園教育要領」「幼保連携型認定こども園教育・保育要領」より

子どもの育ちを見る"目安"

　「幼児期の終わりまでに育ってほしい姿」と聞いて、「10の姿＝5歳児の終わりまでに達成すべき目標」と誤解しないでください。10の姿は、幼児教育を通して子どもたちがどのように育つか、その目指すべき方向性を示したものです。決して、「自立心がある・ない」「言葉による伝え合いができる・できない」などと判断するためのものではありません。
　10の姿は、子どもにどのような「資質・能力」が育っているか、その子なりの育ちを読み取るための目安となるものです。同時に自分たちの保育を振り返る際の参考にもなります。

10の姿を意識すると、具体的に子どもの育ちをイメージしたり、自分の保育を評価したりすることができるようになるんだよ。

より広い視野で保育を振り返れるから、子どもの育ちつつある姿を捉えられるようになるぞ。

> どう違うの?

「10の姿」と「5領域」「資質・能力」の関係は?

「5領域」って何?

5領域とは、「健康」「人間関係」「環境」「言葉」「表現」という5つの側面から子どもの発達を捉えたもので、園生活の中で子どもたちに経験してほしいことを整理したものです。

「資質・能力」って何?

0〜18歳の学校教育の中で育てていくべき基礎的な3つの力を表しているのが「資質・能力」です。幼児教育で育む「資質・能力」の3つの柱は、「知識及び技能の基礎」「思考力、判断力、表現力等の基礎」「学びに向かう力、人間性等」です。これらは、5領域に基づいた保育(遊びや活動)の積み重ねによって育まれます。

「10の姿」って何?

「資質・能力」が育ちつつある子どもたちの、5歳児後半の時点での姿がよりはっきりとイメージしやすいようにつくられたものです。小学校入学までに育みたい「資質・能力」を、10個の姿として、より具体化したものなのです。

原文

「資質・能力」の3つの柱とは?

・豊かな体験を通じて、感じたり、気付いたり、分かったり、できるようになったりする「知識及び技能の基礎」
・気付いたことや、できるようになったことなどを使い、考えたり、試したり、工夫したり、表現したりする「思考力、判断力、表現力等の基礎」
・心情、意欲、態度が育つ中で、よりよい生活を営もうとする「学びに向かう力、人間性等」

「保育所保育指針」「幼稚園教育要領」
「幼保連携型認定こども園教育・保育要領」より

5歳児後半の姿を捉えたのが「10の姿」

↓

5領域を意識した遊び・活動

育むべき「資質・能力」

「要録」を書くときには、「5領域」の活動によって、子どもがどう育ちつつあるかを、「資質・能力」を意識して書く必要があるんだよ。

ただし、最終学年(5歳児)の要録を書くときには、「資質・能力」をより具体化した「10の姿の視点で書く」ことが大切なんだ。

要録を書く前に 「10の姿の視点で書く」とは？

小学校教諭に分かりやすい言葉で子どもの育ちを伝える

　保育ではなじみ深い「5領域」「心情・意欲・態度」などの用語は、保育者以外にはその意味が伝わりづらいものです。例えば、保育者が5領域を念頭において「友達と仲よく砂遊びをしました」と書いても、小学校の先生は、子どもの何が育ったのかピンときません。この場合、10の姿で使われている言葉で、「友達との砂遊びを通して協同性が育ち……」と書いたほうが、その子の育ちが伝わりやすくなります。10の姿は、5歳後半の姿を表したものなので、小学校1年生（6歳くらい）の姿と、イメージを重ねながら読むことができるからです。「要録」では、10の姿の言葉を意識的に使うなど、小学校の先生に伝わりやすい表現を心がけましょう。

書くときのポイント
5領域を意識して保育した子どもの育ちを10の姿と照らし合わせる

　5領域を意識した保育を行っていれば、その中で子どもたちの「資質・能力」は自然と育まれていきます。5領域に沿って積み重ねてきた遊び・活動の様子を思い返せば、そこには子どもたちの育ちつつある10の姿が見えてくるはずです。5歳児の1年間を振り返って、子どものどんな資質・能力が育っているかを考えるとき、10の姿と照らし合わせてみるのです。例えば「Aちゃんは、以前よりも自分の思いを口にできるようになっている。これは『言葉による伝え合い』の姿だ」などと、子どもの伸びた部分を10の姿に当てはめて考えてみるとよいでしょう。

書くときのポイント
達成度を書かない

　10の姿は「できた・できない」を判断するためのものではなく、達成度を評価するための指標でもありません。「どの程度できているか」で子どもを見てしまうと、他の子どもと比較して「育っている」「育っていない」を判断することになってしまいます。子ども一人一人に注目し、その子なりの10の姿の育ちを読み取るようにしましょう。

書くときのポイント
10項目全てを書こうとしない

　人には得意・不得意があるように、10の姿の全てが同じように育っていく子どもはいません。10の姿のうち、1年で急激に伸びたところもあれば、ゆっくり徐々に成長しているところもあるでしょう。「要録」には、その1年で、特によく育ったと思うところや、小学校で更に伸ばしてほしいと思う部分を書けばよいのです。

一つの遊びや活動で、10の姿の一つが育つわけではないというのもポイント。

例えば、おにごっこを楽しむ中で育つのは、「健康な心と体」だけではないはず。「協同性」「思考力の芽生え」「言葉による伝え合い」など、育っている姿は様々なんだ。

5歳児の書き方・実践編

5歳児の姿はココに書く！

「10の姿」について理解できたら、次は実践編！
「要録」のどの欄に、どんなふうに5歳児の姿を書けばよいのか、
そのポイントを解説します。

「保育の展開と子どもの育ち」欄
（保育に関する記録）

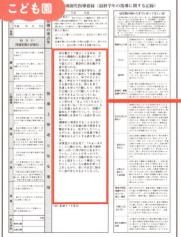

「指導上参考となる事項」欄
（最終学年の指導に関する記録）

「指導上参考となる事項」欄
（最終学年の指導に関する記録）

5歳児の姿を書くのはココ！

ココに「10の姿」を意識して、5歳児の育ちつつある姿を書くのさ。

- 体を動かすことが得意で伸び伸びと遊び、運動が苦手な友達に取組のコツを伝えたり、応援したり、できたことを喜び合ったりする姿が見られる。

- 以前は思い通りにいかないことやはじめての取組などに苦手意識があったが、運動遊びを通して、自信がつき、友達を思いやる気持ちや集団で過ごすことの喜び、心地よさを感じる姿が見られるようになった。特に体を動かす活動では、クラスの中心になって、友達と相談したり、工夫し合ったりして積極的に取り組むことができている。

- 人間関係では、異年齢との活動を通して、年下の子どもの存在に気付き、相手を尊重する気持ちをもって行動できるようになり、他者と様々なやり取りをし、葛藤しながらも、友達の変化や思っていることに気付く姿が見られる。

- 生き物に関しては、観察や飼育を繰り返し、好奇心や探究心をもって、考えたことを言葉で素直に表現しようとする姿が見られる。また飼育している生き物に関して関心をもって生き物と接することを通して、命の大切さという新たな気付きが生まれ、生き物に丁寧に関わる姿が見られる。

つまり、3様式とも求められている内容は同じということ！

答えは……、右ページをチェックだYO！

記入欄の右隣にある文字だらけの表は何？

PART 2 10の姿で書く5歳児

ここに注目！
この隙間には大きな意味が！

左側にある5領域と記入欄は接しているのに、右側にある10の姿は隙間をつくって置かれています。それは10の姿がゴールだと思われないようにするため。ここにある10の姿は、子どもが育ちつつある姿を読み取って書くための手がかりであって、到達点ではないのです。

保育所／**幼稚園** の要録様式イメージ

どの「要録」にも、「10の姿」の原文がまとめられた表が付いているんだよ。

わー、難しそう！

具体的な文例を見ながら、書き方のコツを覚えていけば大丈夫！

次のページから文例や書き方のポイントを紹介するぞ！

39

5歳児の育ちを分かりやすく伝えよう
「10の姿」で書くコツは？

10の姿の視点で5歳児の姿を書くとき、その育ちつつある姿を分かりやすく伝えるにはどうすればよいでしょうか？ 子どもの育ちを具体的に伝えるためのコツを紹介します。

5歳児の育ち記入欄（3様式共通）

年度初めの頃の姿と比較する
以前の子どもの姿と比較することで、その子が現在、どのように育ちつつあるのかが伝わりやすくなるよ！

好きな遊びを通した子どもの育ちを書く
子どもの好きな遊びや、その遊びの中で見られる姿を具体的に書くと、子どもの「資質・能力」がはっきりと伝わるね。

興味をもって取り組む姿を伝える
その子が何に興味をもって、意欲的に取り組んでいるかを具体的に書くと、子どもの育ちつつある姿や今後の成長が具体的にイメージしやすくなるよ！

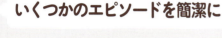

いくつかのエピソードを簡潔に
だらだらと長く書くと、読みづらく、内容が伝わりづらい！ 3〜5個くらいのブロックに分けて、具体的なエピソードとそこから読み取れる子どもの育ちを簡潔に書こう。

- マラソン大会で1位になったことをきっかけに、なわとびやドッジボールなど他の運動遊びにも積極的に取り組むようになる。「（なわとびで）○かい、とべるようになる」「（ドッジボールで）つぎはさいごまであてられない！」などと自分なりの目標をもって、やり遂げようとする姿が見られる。
- 以前は自分の意見ばかりを通そうとすることがあったが、保育者が言葉をかけていくと、相手の考えを受け入れようとする気持ちが芽生えた。最近では、自分の意見を積極的に主張するだけでなく、相手の意見に耳を傾けたり、「こうしたらどうかな？」と一緒に考えたりする姿が見られるようになった。
- いろいろな図形のパズルを組み合わせて家や花などの形をつくるのが好きで、友達と楽しんでいる。自分のイメージ通りの形をつくるには、どの図形をどのように組み合わせればよいかを考え、友達と相談しながら、つくっては壊すのを繰り返す姿が見られる。
- 桜の葉っぱが秋には赤く変化することに「すごい、ふしぎ〜」と驚き、他の葉っぱと比べたり、匂いを嗅いだりする。そこから植物に興味をもち、図鑑で木や花の名前を調べる姿も見られた。
- ダンボールなどを使って打楽器をつくり、友達と音楽に合わせて、早くたたいたりおそくたたいたりしてリズムの違いを楽しんでいる。

「10の姿」が見える！記入例

5歳児の育ち 記入欄 Version 1

- 体を動かすことが得意で伸び伸びと遊び、運動が苦手な友達に取組のコツを伝えたり、応援したり、できたことを喜び合ったりする姿が見られる。

- 以前は思い通りにいかないことや集団での取組などに苦手意識があったが、運動遊びを通して自信がつき、友達を思いやる気持ちや集団で過ごすことの喜び、心地よさを感じる姿が見られるようになった。特に体を動かす活動では、クラスの中心になって、友達と相談したり、工夫し合ったりして積極的に取り組むことができている。

- 人間関係では、異年齢との活動で年下の子どもに配慮する経験を通して、相手の立場に立って行動できるようになった。他者と様々なやり取りをし、葛藤の体験を重ねる中で、友達の困っている様子に気付き、思いやる姿が見られる。

- 身近な生き物の観察や飼育を繰り返す中で、好奇心や探究心をもって考え、言葉で素直に表現しようとする姿が見られる。また飼育している生き物に継続して関心をもって接することを通して、命の大切さという新たな気付きが生まれ、いろいろな生き物に丁寧に関わる姿が見られる。

「健康な心と体」「協同性」の育ちが分かる！

伸び伸びと体を動かして遊ぶ姿に、「健康な心と体」の育ちが見えます。また、友達に積極的に関わり、手助けしたり、喜び合う姿に「協同性」の育ちが見えます。

「協同性」の育ちが分かる！

友達と相談したり、工夫し合ったりして、集団で活動する充足感を味わうところに「協同性」が読み取れます。

「道徳性・規範意識の芽生え」の育ちが分かる！

年下の子どもの存在に気付き、相手を尊重して行動したり、困っている友達に気付いて思いやったりする姿に、「道徳性・規範意識の芽生え」が見えます。

「自然との関わり・生命尊重」の育ちが分かる！

生き物の観察や飼育に関心をもって継続的に取り組み、生き物への興味を広げたり、命の大切さに気付く姿から、「自然との関わり・生命尊重」が育ちつつあることが分かります。

PART 2　10の姿で書く5歳児

5歳児の育ち 記入欄 Version 2

「協同性」「思考力の芽生え」の育ちが分かる！

意見を伝え合ったり、友達と一緒に活動することに喜びや満足感を感じる姿に「協同性」の育ちが見えます。また、自分なりのアイデアを考え、発表できるのは、「思考力の芽生え」が育ちつつあるからだと考えられます。

- クラスで行う活動のとき、物おじすることもあったが、運動会に向けての話し合いの中で意見を発表する場をつくると、自分なりの考えを述べることができた。更に、自分の意見が反映されたうれしさから、自分からアイデアを提案したり、話し合いに積極的に参加したりすることができた。このことをきっかけに、日常の遊びにおいても、友達と一緒に物をつくったり、体を動かしたりする姿が見られるようになった。

「社会生活との関わり」の育ちが分かる！

地域の人たちと関わる中で、様々な仕事をする人の存在やお金の役割に気付いたり、自分とは違う立場の人と会話をする姿に、「社会生活との関わり」の育ちが見えます。

- 買い物体験や地域の祭りへの参加など、地域の人たちと関わる機会を通して、世の中にはいろいろな仕事をしている人がいることや、お金の役割など、社会の仕組みに気付く姿が見られた。初めは人見知りをしていたが、お店で働く人や高齢者、小学生など、いろいろな立場の人と会話ができるようになった。

「豊かな感性と表現」の育ちが分かる！

色水の美しさに気付き、言葉で表現する姿、また遊びの中に取り込む姿から、「豊かな感性と表現」の姿が見えます。

- 色水遊びをする中で、光に当たった色水の美しさに気付き、「きらきらしてきれい」「ほうせきみたい」と想像力を豊かに広げ、言葉で表現する姿が見られた。その後、友達と宝石屋さんごっこを始めるなど、感性を生かした遊びを展開していた。

- 泥団子遊びでは、水と土の質によって硬さや滑らかさが違うことに気付き、いろいろな硬さや大きさの泥団子を繰り返しつくって楽しむ。どんな団子にしたいかによって水や土の量を調節したり、乾燥しないようにするにはどうすればよいか試行錯誤したり、素材を豊かに使用し、工夫する姿が見られる。

「思考力の芽生え」「自立心」の育ちが分かる！

水と土の性質と泥団子の関係に気付き、自分なりに調整したり、工夫したり、試行錯誤しながら泥団子づくりに熱中する姿に、「思考力の芽生え」が見えます。
また、目標に向かって工夫し、やり遂げようとするところに「自立心」の育ちが見えます。

こういう記録を読むと、子どもの姿が思い浮かぶゾ!!

5歳児の育ち 記入欄 Version 3

- マラソン大会で1位になったことをきっかけに、なわとびやドッジボールなど他の運動遊びにも積極的に取り組むようになる。「（なわとびで）○かいとべるようになる」「（ドッジボールで）つぎはさいごまであてられない！」などと自分なりの目標をもって、やり遂げようとする姿が見られる。

- 以前は自分の意見ばかりを通そうとすることがあったが、保育者が言葉をかけていくと、相手の考えを受け入れようとする気持ちが芽生えた。最近では、自分の意見を積極的に主張するだけでなく、相手の意見に耳を傾けたり、「こうしたらどうかな？」と一緒に考えたりする姿が見られるようになった。

- いろいろな図形のパズルを組み合わせて家や花などの形をつくるのが好きで、友達と楽しんでいる。自分のイメージ通りの形をつくるには、どの図形をどのように組み合わせればよいかを考え、友達と相談しながら、つくっては壊すのを繰り返す姿が見られる。

- 桜の葉っぱが秋には赤く変化することに「すごい、ふしぎ～」と驚き、他の葉っぱと比べたり、匂いを嗅いだりする。そこから植物に興味をもち、図鑑で木や花の名前を調べる姿も見られた。

- ダンボールなどを使って打楽器をつくり、友達と音楽に合わせて、早くたたいたりおそくたたいたりしてリズムの違いを楽しんでいる。

「健康な心と体」「自立心」の育ちが分かる！
運動遊びに積極的に取り組み、自分なりの目標をもってやり遂げようとする姿に、「健康な心と体」や「自立心」の育ちが見えます。

「協同性」「言葉による伝え合い」の育ちが分かる！
自分の意見を言うだけでなく、相手の意見にも耳を傾けたり、相談したりする姿に、「協同性」や「言葉による伝え合い」の姿が見えます。

「数量や図形、標識や文字などへの関心・感覚」「協同性」の育ちが分かる！
図形に興味をもち、図形を組み合わせて、頭でイメージした形を再現しようと試行錯誤する姿に、「数量や図形、標識や文字などへの関心・感覚」の育ちが見えます。また、友達と相談しながらやり遂げようとするところに「協同性」の姿が見えます。

「思考力の芽生え」「自然との関わり・生命尊重」の育ちが分かる！
葉の色が変わる不思議に気付き、その理由を考えたり、調べたりするところに「思考力の芽生え」や「自然との関わり・生命尊重」が見えます。

「豊かな感性と表現」「協同性」の育ちが分かる！
身近な材料で打楽器をつくり、自分なりに工夫して演奏を楽しむ姿に、「豊かな感性と表現」の育ちが見えます。また、友達と協力して、楽器演奏を楽しむところから、「協同性」の育ちも読み取れます。

小学校の先生もにこにこしながら、読むにちがいない！

「10の姿」の視点で書く 5歳児

「健康な心と体」の文例

「10の姿」のうち、「健康な心と体」が育ちつつある子どもの姿をどのように書き表せばよいのか、その文例を紹介します。

>>> 「10の姿」の「健康な心と体」とは？

原文
保育所の生活（幼稚園生活、幼保連携型認定こども園における生活）の中で、充実感をもって自分のやりたいことに向かって心と体を十分に働かせ、見通しをもって行動し、自ら健康で安全な生活をつくり出すようになる。

「保育所保育指針」「幼稚園教育要領」「幼保連携型認定こども園教育・保育要領」より

こんなところに注目！

「健康な心と体」を見つけるヒント

目標をもって、意欲的に体を動かす

場面に応じて、体の動きを調整できる

基本的な生活習慣が身に付く（衣類の着脱、食事、排泄など）

体を大切にする行動を進んで行う

危険なことを理解して、安全な行動がとれる

片づけ、準備など、見通しをもって行動する

44

PART 2 10の姿で書く5歳児

>>> 文例 1

自分で気温や体調の変化に気付き、遊びを選んだり、体調を保育者に伝えたりする。更に、見通しをもって、必要なときに休息をとったりする姿が見られる。

環境や体調に合わせて行動ができるのは、「健康な心と体」が育ちつつあるからです。

見通しをもって、自分の行動を決めていくことはたやすいことではありません。それを周囲の人にきちんと伝えられることに、「言葉による伝え合い」の育ちも感じられます。

きょうは いっしょに サッカー しないの?

まだ かぜが なおったばかりだから なかで おえかきしてる。

文例が含む10の姿は?
健康 自立 協同 道徳 社会 思考 自然 数量 **言葉** 感性

>>> 文例 2

一日の流れや基本的な生活習慣が定着し、食事の時間になると、「てをあらいにいこう」などと、次に何をしたらいいかを見通し、友達に声をかける姿が見られる。

見通しをもって、食事の前の手洗い習慣を進んで行う姿に「健康な心と体」の育ちが見られます。

自分の思いや意見を、周囲の友達に伝えることが、できる姿に「言葉による伝え合い」が育っていることが感じられます。

もうすぐ おひるごはんだよ。 てを あらいに いこう!

うん!

文例が含む10の姿は?
健康 自立 協同 道徳 社会 思考 自然 数量 **言葉** 感性

>>> 文例 3

こおりおにのルールを理解し、友達と協同して、ルールをアレンジするなど、遊びを展開する力が見受けられる。その中で、友達とアイデアを伝え合いながら、思いきり体を動かすことに喜びを感じている。

友達と相談しながら、新しいルールを考えていくところに、「協同性」「思考力の芽生え」「言葉による伝え合い」の姿が！

おにごっこを通して、体を動かすことを楽しむ姿に、「健康な心と体」の育ちが見えます。

文例が含む10の姿は？

健康　自立　協同　道徳　社会　思考　自然　数量　言葉　感性

>>> 文例 4

陸上競技に興味をもち、走り幅跳びや三段跳びなどの選手の姿をイメージしながら、夢中になって体を動かそうとする。諦めずにやり続け、走って跳ぶ、リズムよく跳ぶなど、複数の動作を同時にできるようになり、自信をもって遊ぶ姿が見られる。

夢中になって体を動かし、体の動きの調整ができるようになっているところが、「健康な心と体」の育ち！

興味をもったことを諦めずにやり遂げ、自信をもつ姿から「自立心」が芽生えていることが分かります。

文例が含む10の姿は？

健康　自立　協同　道徳　社会　思考　自然　数量　言葉　感性

46

文例 5

遊びの目的に合わせて、危険のない場所を選んだり、友達と協同して進めていく力が育ちつつある。特に、年下の子どもと一緒に遊ぶときに、全員が安全に楽しく遊べるように考えて行動する姿が見られた。

危険のない遊び場所を選んだり、安全を考えて友達と協同して行動できるところに、「健康な心と体」や「協同性」の育ちが読み取れます。

年長者として年下の友達を思いやりながら行動する姿に「道徳性・規範意識の芽生え」が見えます。

文例が含む10の姿は？

健康　自立　**協同**　**道徳**　社会　思考　自然　数量　言葉　感性

文例 6

友達との遊びの中で、以前はつい夢中になって危ない行動をとることもあったが、卒園が近づく頃には、友達がケガをする可能性が想像でき、危険なことを回避し、考えて行動できるようになった。

危険を予測して、安全な行動がとれるところに「健康な心と体」の育ちが見られます。

相手を思いやる気持ちに、「道徳性・規範意識の芽生え」の育ちが見えます。

文例が含む10の姿は？

健康　自立　協同　**道徳**　社会　思考　自然　数量　言葉　感性

「自立心」の文例

「10の姿」の視点で書く 5歳児

「10の姿」のうち、「自立心」が育ちつつある子どもの姿をどのように書き表せばよいのか、その文例を紹介します。

>>> 「10の姿」の「自立心」とは？

原文
身近な環境に主体的に関わり様々な活動を楽しむ中で、しなければならないことを自覚し、自分の力で行うために考えたり、工夫したりしながら、諦めずにやり遂げることで達成感を味わい、自信をもって行動するようになる。

「保育所保育指針」「幼稚園教育要領」「幼保連携型認定こども園教育・保育要領」より

こんなところに注目！ 「自立心」を見つけるヒント

やるべきことを自発的にやる

自分でやりたいことを見つけて、取り組む

目標に向かって頑張ろうとする

自分で考え、工夫する

先生や友達の力を借りてやり遂げようとする

最後までやり遂げて、自信をもつ

文例 1

飼育当番の日は、やるべきことや役割分担について友達と話し合いながら、水槽洗いなどの当番活動に自ら進んで取り組む姿が見られる。

> やるべきことを理解して、率先して取り組めるのはまさに「自立心」の姿！

> 友達と話し合い、協力する姿に「協同性」「言葉による伝え合い」の育ちが見られます。

文例が含む10の姿は？
健康　**自立**　**協同**　道徳　社会　思考　自然　数量　**言葉**　感性

文例 2

指編みでマフラーを編みながら、工夫したり、試したりしている。途中で「できない」と諦めそうになったが、保育者が「もうすぐでき上がり、楽しみだね」と励ますと最後まで諦めずにやり遂げ、自信につながっている。

> 最初は苦戦しながらも目標に向かって試行錯誤しながら、諦めずにやり遂げる姿から、「自立心」の育ちが見えます。

> 工夫したり、試したりする姿には「思考力の芽生え」も見られます。

文例が含む10の姿は？
健康　**自立**　協同　道徳　社会　**思考**　自然　数量　言葉　感性

>>> 文例 3

劇遊びの中で、絵本の登場人物のことを理解し、自分でやりたい役を選ぶ。友達とイメージを共有しながら、役になりきろうとする姿が見られる。

自分でやりたいことを見つけて、考え、工夫するところが「自立心」の姿。絵本に親しみ登場人物に思いを巡らす姿には「言葉による伝え合い」の姿も。

友達とイメージを共有する姿に、「協同性」「言葉による伝え合い」の育ちが見えます。

劇遊びを通して、「豊かな感性と表現」の育ちも期待できます。

文例が含む10の姿は？
健康 **自立** **協同** 道徳 社会 思考 自然 数量 **言葉** 感性

>>> 文例 4

以前は、友達とささいなことから口論になり、気持ちを立て直すのに時間がかかっていたが、少しずつ相手の気持ちも考えられるようになった。どうすればよかったかを自分なりに考えて、相手に伝えようとしている。

言動を振り返り、考え直す姿に、「道徳性・規範意識の芽生え」が見えます。

口論の原因を考えて、改善しようとするのが「自立心」の姿！

「言葉による伝え合い」の姿が見られます。

文例が含む10の姿は？
健康 **自立** 協同 **道徳** 社会 思考 自然 数量 **言葉** 感性

PART 2 10の姿で書く5歳児

文例 5

自分の気持ちを言うことが少なかったが、好きな遊びや興味を深めるにつれて、次第に自分のしたいことを言えるようになってきた。一方で、年下の子どもには譲ってあげる姿も見られる。

> 自分のしたいことを見つけ、それを実現するために行動するところに「自立心」が見えます。自分の意見を言葉にする姿に「言葉による伝え合い」の育ちも見えます。

> 年下の子どもを思いやれるところに、「道徳性・規範意識の芽生え」が感じられます。

つぎはこのえほんをよんでほしいの。

ぼくもー。

文例が含む10の姿は？
健康　**自立**　協同　**道徳**　社会　思考　自然　数量　**言葉**　感性

文例 6

生活の中で見通しがもてるようになり、時計を見ながら「ながいはりが12になるまでに、かたづけてサッカーをやろう」などと、目的のためにすべきことを自分で考えるようになってきた。

> 自分で決めた目標を達成しようとするところに「自立心」の育ちが見えます。

> 見通しをもって行動できるところに、「健康な心と体」の育ちが見えます。

> 時計の数字を意識する姿から、「数量や図形、標識や文字などへの関心・感覚」が感じられます。

はやくこれをかたづけてはみがきしよう。

ながいはりが12になったらサッカーをするぞ！

ぼくもー。

文例が含む10の姿は？
健康　**自立**　協同　道徳　社会　思考　自然　**数量**　言葉　感性

51

「10の姿」の視点で書く 5歳児

「協同性」の文例

「10の姿」のうち、「協同性」が育ちつつある子どもの姿をどのように書き表せばよいのか、その文例を紹介します。

>>> 「10の姿」の「協同性」とは？

原文　友達と関わる中で、互いの思いや考えなどを共有し、共通の目的の実現に向けて、考えたり、工夫したり、協力したりし、充実感をもってやり遂げるようになる。
「保育所保育指針」「幼稚園教育要領」「幼保連携型認定こども園教育・保育要領」より

こんなところに注目！ 「協同性」を見つけるヒント

友達と積極的に関わる

友達の意見に耳を傾ける

気持ちを共有できるように伝える

友達に譲ったり、我慢したりできる

友達と相談したり、話し合ったりする

同じ目的のために、友達と協力する

文例 1

クラスで近所の魚屋さんに行った経験を生かし、友達と魚の色や形、並べ方などを工夫して必要な物をつくったり、役割分担しながら、魚屋さんのやり取りを楽しんでいる様子が見られた。

> 友達と協力して、物をつくったり、役割分担したりするところが、「協同性」の姿。

> 地域のお店や働く人に触れ、興味をもつ姿に「社会生活との関わり」の育ちが見られます。

> 必要な物をつくって、魚屋さんごっこのやり取りを楽しむ姿に、「豊かな感性と表現」「言葉による伝え合い」の育ちが見えます。

文例が含む10の姿は？
健康　自立　**協同**　道徳　**社会**　思考　自然　数量　**言葉**　**感性**

文例 2

地域の地図に興味をもち、友達と一緒に協同して地図づくりに取り組む。その中で、自分の描きたいイメージを伝えながら、自分とは異なる友達の意見にも耳を傾ける姿が見られる。

> 自分の意見を伝えたり、友達の意見を聞いたりしながら協同して地図づくりをする姿に「協同性」の育ちが見られます。

> 地域の地図に興味をもち、自分たちでつくろうとする姿に、「社会生活との関わり」の育ちが見えます。

> 友達と意見を伝え合うところが、「言葉による伝え合い」の姿。

文例が含む10の姿は？
健康　自立　**協同**　道徳　**社会**　思考　自然　数量　**言葉**　感性

>>> **文例 3**

木登りが苦手だった友達に「こうすればいいよ」と自分の経験をもとに励ましたり、自分なりのコツを教えたりする様子が見られる。友達がうまくできたときには、共感し、一緒になって喜び合う姿があった。

友達と積極的に関わり、共通の目的に向かって一緒に頑張ろうとするところが、「協同性」の姿。

友達にコツを教えてあげて、人の役に立つ喜びを得ているところは「社会生活との関わり」の姿。

木登りで体を動かす姿に、「健康な心と体」の育ちが感じられます。

そうか！わかった。

まずは ここを もって でっぱりに あしを かけると いいよ。

文例が含む10の姿は？

健康　自立　協同　道徳　社会　思考　自然　数量　言葉　感性

>>> **文例 4**

積み木がうまく積めたり、崩れてしまったりを繰り返しながら、友達と一緒に、目標をもって作品をつくり上げることに充実感を味わう。その中で友達と「ここはこうしたほうがいいんじゃないかなぁ」と相談し合う姿も見られた。

目標に向かって工夫し、最後までやり遂げるところは「自立心」の姿。

友達と試行錯誤したり、相談したりしながら、積み木で作品をつくり上げるところが、まさに「協同性」の姿。

どうすればうまく積めるのか考える姿に「思考力の芽生え」、伝え合う姿に「言葉による伝え合い」が見えます。

さっきは ここで こわれちゃったよね。

こんどは もっと ゆっくり のせれば いいんじゃない？

文例が含む10の姿は？

健康　自立　協同　道徳　社会　思考　自然　数量　言葉　感性

文例 5

運動会に向けてのクラスでの話し合いに積極的に参加し、どうやったら勝てるかアイデアを出したり、作戦を立てたりする姿が見られる。

> 運動会で勝つという共通の目的のために、友達と話し合う姿に「協同性」が見えます。

> 目的の達成方法を自分なりに考えられるところに、「思考力の芽生え」が見えます。

> クラスでの話し合いに積極的に参加して、そこで意見を言えるのは「言葉による伝え合い」もしっかり育っていることを示しています。

文例が含む10の姿は？
健康　自立　**協同**　道徳　社会　**思考**　自然　数量　**言葉**　感性

文例 6

片づけの時間に、友達と協力して床を拭いたり、掃いたり、ゴミを拾ったり、片づけをする中で、自分もクラスの一員であるという気持ちを味わい、喜ぶ様子が見られた。

> クラスの友達と協同して片づけを行い、充実感を味わうところが、「協同性」の姿。

> そのときやるべきことに積極的に取り組む姿に、「道徳性・規範意識の芽生え」が感じられます。

文例が含む10の姿は？
健康　自立　**協同**　**道徳**　社会　思考　自然　数量　言葉　感性

「10の姿」の視点で書く 5歳児

「道徳性・規範意識の芽生え」の文例

「10の姿」のうち、「道徳性・規範意識の芽生え」が育ちつつある子どもの姿をどのように書き表せばよいのか、その文例を紹介します。

>>> 「10の姿」の「道徳性・規範意識の芽生え」とは？

原文

友達と様々な体験を重ねる中で、してよいことや悪いことが分かり、自分の行動を振り返ったり、友達の気持ちに共感したりし、相手の立場に立って行動するようになる。また、きまりを守る必要性が分かり、自分の気持ちを調整し、友達と折り合いを付けながら、きまりをつくったり、守ったりするようになる。

「保育所保育指針」「幼稚園教育要領」「幼保連携型認定こども園教育・保育要領」より

こんなところに注目!

「道徳性・規範意識の芽生え」を見つけるヒント

やってよいこと、悪いことが分かる

その場のルールを理解し、守ろうとする

自分の言動を振り返り、反省する

相手の気持ちを思いやる

みんなで使うものを大切に扱う

友達と譲り合ったり、妥協したりする

文例 １

逆上がりの練習に夢中になり、鉄棒を独り占めしてしまうことがあったが、順番を待っている友達の立場に立って、交代する姿が見られるようになった。

> 自分の気持ちに折り合いを付け、遊具を友達に譲る姿に「道徳性・規範意識の芽生え」が見られます。

> 目標をもって、意欲的に体を動かすところは、「健康な心と体」が育ちつつあることの表れ。

文例が含む10の姿は？
健康　自立　協同　**道徳**　社会　思考　自然　数量　言葉　感性

文例 ２

リレーに負けると、悔しい気持ちが抑えられず態度に出てしまうこともあったが、最近では自分の気持ちを調整し、悔しさを受け入れたり、頑張った自分を認められるようになり、友達と共感し、励まし合う姿も見られた。

> 自分の気持ちを調整して我慢したり、友達を思いやったりすることができるのは、「道徳性・規範意識の芽生え」の姿。

> 友達と励まし合う姿に、「言葉による伝え合い」の育ちが感じられます。

文例が含む10の姿は？
健康　自立　協同　**道徳**　社会　思考　自然　数量　**言葉**　感性

>>> 文例 3

虫のことをよく知っており、幼虫を飼うにあたっての話し合いに積極的に関わり、「ケースを揺らさない」「サナギのときは触ってはいけない」などの、クラスのルールづくりに貢献した。その後も、率先してルールを守ろうとする姿が見られた。

虫の飼育に積極的に関わり、大事にしようとする姿に、「自然との関わり・生命尊重」の育ちが見られます。

クラスのルールを考えたり、そのルールを守ろうとしたりする姿に、「道徳性・規範意識の芽生え」が見えます。

文例が含む10の姿は？
健康　自立　協同　**道徳**　社会　思考　**自然**　数量　言葉　感性

>>> 文例 4

運動会に向けて、みんなで楽しむにはどうすればよいのか話し合う中で、支援を要する友達のことに気付き、その子の立場を尊重する発言をしていた。

手助けが必要な友達がいることに自分で気付き、相手の立場に立つ姿に「道徳性・規範意識の芽生え」が見られます。

運動会を楽しむ方法をみんなで話し合う様子に、「協同性」「言葉による伝え合い」の育ちが見られます。

文例が含む10の姿は？
健康　自立　**協同**　**道徳**　社会　思考　自然　数量　**言葉**　感性

文例 5

小さい子に対して、「つくっているものにさわっちゃだめ」などと、つい手が出てしまう姿があったが、涙を流す子の姿を見て反省し、最近では気持ちに折り合いを付け、優しく接することができるようになってきた。

自分の気持ちを調整し、年下の子どもに対して優しく接することができるのは、「道徳性・規範意識の芽生え」が育ちつつあることの表れ。

文例が含む10の姿は？
健康　自立　協同　**道徳**　社会　思考　自然　数量　言葉　感性

文例 6

みんなで集まっているときや、保育者が話しているときなど、今、何をするときかを考えて、姿勢を正して、静かに話を聞こうとする態度が見られる。

その場のルールや、やるべきことを理解し、正しい行動ができるところが、「道徳性・規範意識の芽生え」の姿。また、「自立心」の育ちも見られます。

相手の話を注意深く聞くことができるのは「言葉による伝え合い」が育っていることの表れ。

文例が含む10の姿は？
健康　**自立**　協同　**道徳**　社会　思考　自然　数量　**言葉**　感性

「10の姿」の視点で書く 5歳児

「社会生活との関わり」の文例

「10の姿」のうち、「社会生活との関わり」が育ちつつある子どもの姿をどのように書き表せばよいのか、その文例を紹介します。

>>> 「10の姿」の「社会生活との関わり」とは？

原文

家族を大切にしようとする気持ちをもつとともに、地域の身近な人と触れ合う中で、人との様々な関わり方に気付き、相手の気持ちを考えて関わり、自分が役に立つ喜びを感じ、地域に親しみをもつようになる。また、保育所（幼稚園、幼保連携型認定こども園）内外の様々な環境に関わる中で、遊びや生活に必要な情報を取り入れ、情報に基づき判断したり、情報を伝え合ったり、活用したりするなど、情報を役立てながら活動するようになるとともに、公共の施設を大切に利用するなどして、社会とのつながりなどを意識するようになる。

「保育所保育指針」「幼稚園教育要領」「幼保連携型認定こども園教育・保育要領」より

こんなところに注目！ 「社会生活との関わり」を見つけるヒント

人の役に立つ喜びを感じる

公共の場所や施設を大切に使う

情報機器や本などから必要な情報を取り入れる

家族を大切にする

地域の人たちと、親しみをもって接する

地域を身近に感じるようになる

>>> 文例 1

地域の大太鼓祭りを見たことがきっかけで、和太鼓に興味をもち、本物らしくなるように打ち方やかけ声を真似する中で、地域の文化への関心を深めていた。

地域の祭りを通じて、地域の文化に興味と親しみをもち、遊びに取り込む姿に、「社会生活との関わり」の育ちが見えます。

本物の太鼓奏者のようにうまくなりたいと、打ち方やかけ声を工夫し、頑張るところに、「自立心」や「豊かな感性と表現」の育ちが見えます。

文例が含む10の姿は？

健康　**自立**　協同　道徳　**社会**　思考　自然　数量　言葉　**感性**

>>> 文例 2

保育者や友達と一緒に地域の商業施設へ出掛け、野菜の種類や色や形の違い、野菜がどうやってつくられ、売られているかなどに気付く。買い物にはお金が必要であり、商品により値段が異なるなどの仕組みも理解し、遊びに取り入れていた。

お店やそこで働く人の役割、買い物の仕方やお金の使い方など、様々な社会の仕組みに気付く姿に「社会生活との関わり」の育ちが見えます。

野菜の色や形、物の値段やお金について理解を深める姿に、「数量や図形、標識や文字などへの関心・感覚」の育ちが見えます。

文例が含む10の姿は？

健康　自立　協同　道徳　**社会**　思考　自然　**数量**　言葉　感性

61

>>> 文例 3

敬老の集いで身近な家族との交流を楽しみながら、ゆっくりしゃべったり、「かいだんがあるよ」と声をかけたり、お年寄りの立場を考えて、行動する姿が見られた。

相手に合わせた関わり方に気付き、相手を思いやる姿に、「社会生活との関わり」の育ちが見えます。

高齢の人に対して相手を思いやる姿には「道徳性・規範意識の芽生え」が、その気持ちを言葉で表現できるところには、「言葉による伝え合い」が見られます。

文例が含む10の姿は？
健康　自立　協同　**道徳**　**社会**　思考　自然　数量　**言葉**　感性

>>> 文例 4

地域の人に稲の育て方を教わり、苗を植えたり、雑草を抜いたり、お手伝いする中で、人の役に立つことに喜びを感じ、充実感を味わっていた。また、ふだん食べているお米が、同じように手間暇をかけて育てられた稲からできていることに気付く姿もあった。

地域の人の役に立つ喜びを味わったり、お米をつくる大変さを理解する姿に、「社会生活との関わり」の育ちが見えます。

稲の育て方を学び、体験する中で、「自然との関わり・生命尊重」の育ちが期待できます。

文例が含む10の姿は？
健康　自立　協同　道徳　**社会**　思考　**自然**　数量　言葉　感性

文例 5

近隣園の園児とドッジボールをしたとき、自分とは違う環境にいて、自分とは違う経験をしてきた子どもがいることに気付き、会話をしながら、相手を理解する姿が見られた。

> 自分や同じ園の友達とは違う子どもの存在に気付き、関わる中で、地域に親しむ姿に「社会生活との関わり」の育ちが見えます。

> 話をしたり、聞いたりしながら、他者理解を深めるところが「言葉による伝え合い」の姿。

文例が含む10の姿は？ 社会 言葉

文例 6

年長クラスで地域の図書館へ出掛け、司書の人に図書館の利用法を教えてもらったことで、公共施設を使うには守らなければならないルールがあることを知り、図書館やそこにある本を大切に扱う気持ちが芽生えた。

> 地域の公共施設で働く人と接し、公共施設の使い方を理解し、利用する姿に、「社会生活との関わり」の育ちが見えます。

> 公共の施設や物を大切に扱おうとするところに、「道徳性・規範意識の芽生え」が感じられます。

文例が含む10の姿は？ 道徳 社会

「10の姿」の視点で書く 5歳児

「思考力の芽生え」の文例

「10の姿」のうち、「思考力の芽生え」が育ちつつある子どもの姿をどのように書き表せばよいのか、その文例を紹介します。

>>> 10の姿の「思考力の芽生え」とは？

原文

身近な事象に積極的に関わる中で、物の性質や仕組みなどを感じ取ったり、気付いたりし、考えたり、予想したり、工夫したりするなど、多様な関わりを楽しむようになる。また、友達の様々な考えに触れる中で、自分と異なる考えがあることに気付き、自ら判断したり、考え直したりするなど、新しい考えを生み出す喜びを味わいながら、自分の考えをよりよいものにするようになる。

「保育所保育指針」「幼稚園教育要領」「幼保連携型認定こども園教育・保育要領」より

こんなところに注目！

「思考力の芽生え」を見つけるヒント

発見を楽しむ

不思議に思ったことを「なぜ？」と考える

予想したり、確かめたりする

物の性質や仕組みに気付く

遊びの中で試行錯誤する

人の考えを聞いたり調べたりして、考えを改める

文例 1

収集した自然物を使って遊ぶとき、色や形の違う葉っぱを使って、どうしたら顔になるかを考える中で、目や口の形を観察して、どの葉っぱをどんなふうに配置すればいいか、工夫し、試行錯誤する姿が見られた。

- 自然物を相手に工夫しながら顔づくりに取り組む姿に、「思考力の芽生え」が見えます。
- 目や口と同じ形だと気付くのは、「数量や図形、標識や文字などへの関心・感覚」が育っている証しです。
- 自然物に興味をもって遊びに取り入れる姿に、「自然との関わり・生命尊重」の育ちが感じられます。

文例が含む10の姿は？
健康　自立　協同　道徳　社会　**思考**　**自然**　**数量**　言葉　感性

このはっぱまゆげにぴったりだ。
このはっぱはあかいからくちにしようかな。

文例 2

友達と一緒に、どうすれば水を砂場まで運べるか、といなどの道具を使って試し、失敗を繰り返しながら、工夫していた。その中で、といの長さを増すにはどうすればよいかを考え、最後までやり遂げていた。

- 遊びの中で発見や試行錯誤を繰り返しながら、目的を達成する姿に、「思考力の芽生え」が確認できます。
- 自分なりに工夫しながら、最後までやり遂げるところに、「自立心」が見られます。
- 友達と協同して、遊びに取り組むところが「協同性」の姿。

文例が含む10の姿は？
健康　**自立**　**協同**　道徳　社会　**思考**　自然　数量　言葉　感性

どうしようかー？すなばまであとすこしなのに。
ぎゅうにゅうパックをつかってつくるのは？

>>> **文例 3**

友達が、絵の具でサツマイモの色をうまく再現しているのを見て、色づくりに興味をもつ。どうすれば同じ色になるかを、混ぜる絵の具を選んだり、量を調整したりしながら、夢中になって試す姿があった。

絵の具の組み合わせ方を工夫しながら、自分のつくりたい色を完成させようとするところが、「思考力の芽生え」の姿。

興味をもったことに対して、工夫しながらやり遂げようとする姿に、「自立心」が感じられます。

文例が含む10の姿は？
健康 | 自立 | 協同 | 道徳 | 社会 | 思考 | 自然 | 数量 | 言葉 | 感性

>>> **文例 4**

こまづくりに興味をもち、どうしたらうまく回るか、試行錯誤する。友達がつくるのを見て、穴を開ける場所や軸の位置などが自分とは違うことに気付き、真似したり、こまの形を変えたりと、工夫する姿が見られた。

試行錯誤しながらこまづくりに取り組み、工夫するところに「思考力の芽生え」が見えます。

こまの形状や棒の長さなどの違いに気付く姿に、「数量や図形、標識や文字などへの関心・感覚」の育ちが見えます。やりたいことに粘り強く取り組む「自立心」の姿も。

文例が含む10の姿は？
健康 | 自立 | 協同 | 道徳 | 社会 | 思考 | 自然 | 数量 | 言葉 | 感性

66

文例 5

冬場に氷づくりをした経験を生かし、より大きな氷をつくるにはどうすればよいか、容器や置く場所、水位などを考え、挑戦していた。

> より大きい氷をつくるために、自分で考え、試行錯誤する姿に「思考力の芽生え」が見えます。「数量や図形、標識や文字などへの関心・感覚」の育ちも期待できます。

> 自分が立てた目標を達成しようと努力し、挑戦するところが、「自立心」の姿。

文例が含む10の姿は？
健康 **自立** 協同 道徳 社会 **思考** 自然 **数量** 言葉 感性

文例 6

ピアノの調律を見たのをきっかけに、ピアノの仕組みに興味をもつ。ピアノ線や、鍵盤やハンマーの動きなどを観察して、なぜ音が出るのかを自分なりに理解し、ピアノの中の構造を絵にする姿が見られた。

> ピアノの仕組みに気付き、理解するところが「思考力の芽生え」の姿。

> 興味をもち、発見したことを、絵にかいて表現するところに、「豊かな感性と表現」の育ちが見えます。

文例が含む10の姿は？
健康 自立 協同 道徳 社会 **思考** 自然 数量 言葉 **感性**

「10の姿」の視点で書く 5歳児
「自然との関わり・生命尊重」の文例

「10の姿」のうち、「自然との関わり・生命尊重」が育ちつつある子どもの姿をどのように書き表せばよいのか、その文例を紹介します。

>>>> 「10の姿」の「自然との関わり・生命尊重」とは？

原文

自然に触れて感動する体験を通して、自然の変化などを感じ取り、好奇心や探究心をもって考え言葉などで表現しながら、身近な事象への関心が高まるとともに、自然への愛情や畏敬の念をもつようになる。また、身近な動植物に心を動かされる中で、生命の不思議さや尊さに気付き、身近な動植物への接し方を考え、命あるものとしていたわり、大切にする気持ちをもって関わるようになる。

「保育所保育指針」「幼稚園教育要領」「幼保連携型認定こども園教育・保育要領」より

こんなところに注目！
「自然との関わり・生命尊重」を見つけるヒント

自然に興味をもち、積極的に関わる

季節の変化に気付く

自然現象を楽しむ

自然の不思議を確かめようとする

栽培や飼育を通して、動植物に愛着をもつ

植物や動物にも命があることを知り、大切にする

>>> **文例 1**

キュウリ栽培を行う中で、苗が日に日に大きくなる姿に感動する。花が咲いたり、実がなったりする不思議や、実によって色・形・大きさ・重さが違うことに気付き、興味をもつ姿が見られた。

野菜の栽培体験を通して、植物の生長や不思議に気付き、興味をもつ姿が、「自然との関わり・生命尊重」の姿。

植物の色と形、大きさや重さの違いを発見し、興味をもつところに「数量や図形、標識や文字などへの関心・感覚」の育ちが見えます。

文例が含む10の姿は？
健康　自立　協同　道徳　社会　思考　**自然**　**数量**　言葉　感性

>>> **文例 2**

飼育していたカメが死んでしまい、なぜ死んだのか考えたり、死んだら動かなくなることに気付いたりする姿が見られた。友達と一緒に悲しさを共有し思い出を話し合う中で、死んだ動物への愛情を感じ、命が引き継がれることに気付く姿があった。

カメの死を通して、「死」というものを自分なりに理解し、生き物への愛情を感じたり、命の大切さに気付いたりする姿に「自然との関わり・生命尊重」の育ちが見えます。

友達と気持ちを共有する姿に、「言葉による伝え合い」の育ちが感じられます。

文例が含む10の姿は？
健康　自立　協同　道徳　社会　思考　**自然**　数量　**言葉**　感性

>>> 文例 3

自然散策や木登りなどを楽しむ中で、「登りやすい木」「匂いのする葉っぱ」「虫のいる場所」など、周りの動植物の特性を発見したり、気付いたりする。その発見や気付きについて、友達と対話し考える姿が見られる。

自然と触れ合う中で、動植物に関心をもち、様々なことに気付くところが、「自然との関わり・生命尊重」の姿。

自然の中で体を動かし、遊ぶ姿に、「健康な心と体」の育ちが見えます。

発見や気付きを、友達と語り合うのは、「言葉による伝え合い」の姿。

文例が含む10の姿は？
健康　自立　協同　道徳　社会　思考　自然　数量　言葉　感性

>>> 文例 4

カブトムシが幼虫から成虫になる過程を観察する中で、角が生えたり、羽が生えたりという形や大きさの変化に気付く。そこで更に、気付いたことを図鑑で調べて、また新たな発見を喜び、興味を深める姿が見られる。

昆虫が成長する過程での様々な不思議に気付き、自分で考えたり、調べたりして探求していく様子が、「自然との関わり・生命尊重」の姿。

発見したことを図鑑で調べて確かめたり、そこでまた新たな発見をして考えたりする姿に、「思考力の芽生え」が見えます。

文例が含む10の姿は？
健康　自立　協同　道徳　社会　思考　自然　数量　言葉　感性

文例 5

泥団子づくりで、どうすれば固まるのかを考える中で、土や水の性質に気付く。そのとき、気付いたり試したりしたことを糧として、もっとぴかぴかの泥団子をつくろうと、繰り返し挑戦している。

- 遊びの中で土の性質や水の役割に気付いた姿に、「自然との関わり・生命尊重」の育ちが見えます。
- 遊びの中で試行錯誤し、発見を深める姿に、「思考力の芽生え」が見えます。
- 目標をもち、最後までやり遂げる姿は「自立心」の姿。

文例が含む10の姿は？
健康 **自立** 協同 道徳 社会 **思考** **自然** 数量 言葉 感性

さらさらした つちだと すぐ こわれちゃうんだ。

こんどは つちに みずを まぜてみよう。

文例 6

雲の形が毎日違うことに気付き、「わたがしみたい」「あのうごいてるくもに、のってみたい」などと、雲や空の様子に興味をもつ。同時に、雲と天気の関係にも気付き、毎日の天気を意識する姿が見られた。

- 雲の変化や雲と天気の関係など、自然現象に興味をもち、発見を楽しむところが「自然との関わり・生命尊重」の姿。
- 雲と天気の関係に気付き、興味を広げる姿に「思考力の芽生え」が感じられます。
- 雲の形を別の物にたとえたり、感じたことを言葉で表現したりする姿が、「言葉による伝え合い」「豊かな感性と表現」の育ち。

文例が含む10の姿は？
健康 自立 協同 道徳 社会 **思考** **自然** 数量 **言葉** **感性**

あの くも うまみたい。

くもに のって ずーっと、とおくに いってみたいな。

気持ち よさそうだね。

「10の姿」の視点で書く 5歳児

「数量や図形、標識や文字などへの関心・感覚」の文例

「10の姿」のうち、「数量や図形、標識や文字などへの関心・感覚」が
育ちつつある子どもの姿をどのように書き表せばよいのか、
その文例を紹介します。

>>> 「10の姿」の「数量や図形、標識や文字などへの関心・感覚」とは？

原文
遊びや生活の中で、数量や図形、標識や文字などに親しむ体験を重ねたり、標識や文字の役割に気付いたりし、自らの必要感に基づきこれらを活用し、興味や関心、感覚をもつようになる。

「保育所保育指針」「幼稚園教育要領」「幼保連携型認定こども園教育・保育要領」より

こんなところに注目！ 「数量や図形、標識や文字などへの関心・感覚」を見つけるヒント

物をかぞえたり、数字を使ったりする

長さや広さ、速さなどを比べる

図形を組み合わせて遊ぶ

標識の役割や、形を覚える

文字に親しむ

マークや記号に親しむ

文例 1

友達となわとびを楽しみながら、一緒に跳んだ回数をかぞえたり、自分が跳んだ回数を書いてもっと跳びたいと頑張ったり、数に親しむ姿が見られる。

なわとびに夢中になっている様子に、「健康な心と体」の育ちが見えます。

数をかぞえたり、書いたりして数に親しむ姿から、「数量や図形、標識や文字などへの関心・感覚」の育ちが読み取れます。

文例が含む10の姿は？
健康　自立　協同　道徳　社会　思考　自然　**数量**　言葉　感性

文例 2

文字を使って相手に伝えることに興味をもち、友達に手紙を書いてみようとする姿が見られる。絵をかくことが好きなので、手紙には、文字だけではなく、絵もかき添え、楽しんでいる。

文字の存在や役割に気付き、自分も書いてみようとする姿に、「数量や図形、標識や文字などへの関心・感覚」、「言葉による伝え合い」の育ちが見えます。

文字に好きな絵を添える姿に「豊かな感性と表現」の育ちが感じられます。

文例が含む10の姿は？
健康　自立　協同　道徳　社会　思考　自然　**数量**　**言葉**　**感性**

>>> 文例 3

サツマイモの収穫をしたとき、大きさや長さ、重さに興味をもち、比べることに夢中になる。その中で、友達との会話を楽しむ姿も見られた。

サツマイモの大きさや重さなどに興味をもち、比べ合いをする姿に、「数量や図形、標識や文字などへの関心・感覚」の育ちが見えます。

遊びの中で友達との会話が弾む様子から、「言葉による伝え合い」の育ちが読み取れます。

文例が含む10の姿は？
健康　自立　協同　道徳　社会　思考　自然　**数量**　**言葉**　感性

>>> 文例 4

標識や道路標示に興味をもち、友達と一緒に図鑑で調べている。そこから社会の共通ルールにも関心をもち、散歩の途中、「これはふみきり」「おうだんほどうだよ」などと標識や表示を見つけては、ルールに従って行動しようとする姿が見られた。

ルールを守ろうとして行動することは、「道徳性・規範意識の芽生え」を表しています。

標識の役割や形を調べているところに「数量や図形、標識や文字などへの関心・感覚」の育ちが見えます。

文例が含む10の姿は？
健康　自立　協同　**道徳**　社会　思考　自然　**数量**　**言葉**　感性

文例 5

おもちゃや食器の片づけを通して、同じ形や大きさの物で分けたり、同じマークの物をまとめたりすることを覚え、物の形や大きさの違いが分かるようになった。

> きちんと片づけを行う姿に、「道徳性・規範意識の芽生え」も。

> 物の形や大きさに興味をもち、形や大きさの違いが区別できるようになったところに、「数量や図形、標識や文字などへの関心・感覚」の育ちが見えます。

文例が含む10の姿は？
道徳　数量

文例 6

ドッジボールを楽しむ中で、「あとひとりだ！」「むこうのほうがふたりおおい」など、人の数をかぞえたり、人数の多い、少ないに気付いたりする姿が見られた。

> 友達とドッジボールを楽しむ姿に、「健康な心と体」の育ちが見えます。

> 人の数をかぞえたり、多い、少ないと比較したりする姿に「数量や図形、標識や文字などへの関心・感覚」が見えます。友達と言葉をかけ合う様子に、「言葉による伝え合い」の姿も。

文例が含む10の姿は？
健康　数量　言葉

「10の姿」の視点で書く 5歳児

「言葉による伝え合い」の文例

「10の姿」のうち、「言葉による伝え合い」が育ちつつある子どもの姿をどのように書き表せばよいのか、その文例を紹介します。

>>> 「10の姿」の「言葉による伝え合い」とは？

原文

保育士等（先生、保育教諭等）や友達と心を通わせる中で、絵本や物語などに親しみながら、豊かな言葉や表現を身に付け、経験したことや考えたことなどを言葉で伝えたり、相手の話を注意して聞いたりし、言葉による伝え合いを楽しむようになる。

「保育所保育指針」「幼稚園教育要領」「幼保連携型認定こども園教育・保育要領」より

こんなところに注目！

「言葉による伝え合い」を見つけるヒント

自分の意思や気持ちを言葉で伝える

相手の話を注意深く聞く

相手が分かるように話そうとする

絵本や物語に親しみ、思いを巡らす

言葉によるやり取りを楽しむ

新しい言葉や表現に興味をもつ

文例 1

クラスのみんなの前で発言することに苦手意識があったが、仲のよい友達に促されて、発言できたことをきっかけに自信をもち、自分の気付いたことや、やりたいことを言葉で表現できるようになった。

- 人前で自分の意見が言えるようになったところに、「言葉による伝え合い」の育ちが見えます。
- 友達の助けを借りて、苦手を克服しようと頑張った姿に「自立心」が表れています。

文例が含む10の姿は？
健康 **自立** 協同 道徳 社会 思考 自然 数量 **言葉** 感性

文例 2

年少児同士のトラブルの仲裁に入る。「どうしたの？」「なにがいやだったの？」と小さい子どもの気持ちをくみ取り、言葉で伝え合おうとする姿が見られる。

- 人の話に耳を傾け、気持ちを理解しようとするところが、「協同性」の姿。
- 相手に伝わるように話しかけたり、相手の言葉に耳を傾けたりする姿に、「言葉による伝え合い」の姿が見えます。
- 自発的に年下の子の面倒を見る姿に、「道徳性・規範意識の芽生え」が見えます。

文例が含む10の姿は？
健康 自立 **協同** **道徳** 社会 思考 自然 数量 **言葉** 感性

>>> 文例 3

しりとりを友達と楽しむ中で、言葉に興味をもち、「『あ』がつくものなに？」「『い』がつくものは？」などと言い合いながら、友達と一緒にいろいろな言葉を発見することに夢中になる。

しりとりを通して、友達との言葉探しに夢中になり、言葉に親しむ姿に、「言葉による伝え合い」の育ちが見えます。

友達と一緒に新しい発見を楽しむ姿は「協同性」の表れ。

文例が含む10の姿は？

健康　自立　協同　道徳　社会　思考　自然　数量　言葉　感性

>>> 文例 4

友達とトラブルになったとき、以前は一方的に相手の思いを聞くだけだったが、相手の思いに耳を傾けながら、自分の気持ちをきちんと言葉で説明し、伝える姿が見られるようになった。

相手の話を聞くだけでなく、自分の気持ちも言葉で伝えられるところに、「言葉による伝え合い」の育ちが見えます。

友達などの話を聞いて、気持ちを受け止める姿には「協同性」の育ちが見られます。

文例が含む10の姿は？

健康　自立　協同　道徳　社会　思考　自然　数量　言葉　感性

>>> 文例 5

物語を聞いた後に友達と、「なんかどきどきしたね」などと、感じたことを言葉で表現し合いながら、対話する姿が見られた。

物語を楽しみ、思いを巡らせて、友達と語り合う姿に、「言葉による伝え合い」の育ちが読み取れます。

物語を聞いて、様々なことを感じ、それを言葉で表現するところに、「豊かな感性と表現」の育ちが見えます。

文例が含む10の姿は？

健康　自立　協同　道徳　社会　思考　自然　数量　**言葉**　**感性**

>>> 文例 6

ごっこ遊びの中で、大人が小さい子どもに関わっている場面を思い出し、言葉や話し方を真似て、役になりきって、人形をあやす姿が見られた。

相手や状況に応じて言葉の使い方を変えて工夫している姿に「言葉による伝え合い」の育ちが見えます。

ごっこ遊びの中で、話し方を工夫し、役になりきるところが、「豊かな感性と表現」の姿。

文例が含む10の姿は？

健康　自立　協同　道徳　社会　思考　自然　数量　**言葉**　**感性**

「10の姿」の視点で書く 5歳児
「豊かな感性と表現」の文例

「10の姿」のうち、「豊かな感性と表現」が育ちつつある子どもの姿をどのように書き表せばよいのか、その文例を紹介します。

>>> 「10の姿」の「豊かな感性と表現」とは？

原文

心を動かす出来事などに触れ感性を働かせる中で、様々な素材の特徴や表現の仕方などに気付き、感じたことや考えたことを自分で表現したり、友達同士で表現する過程を楽しんだりし、表現する喜びを味わい、意欲をもつようになる。

「保育所保育指針」「幼稚園教育要領」「幼保連携型認定こども園教育・保育要領」より

こんなところに注目！ 「豊かな感性と表現」を見つけるヒント

遊びや活動の中で、様々な感情を味わう

感情や思いを言葉にして表現する

音や動きで表現したり、演じて遊ぶ

かいたり、つくったりして表現する

友達と一緒に表現することを楽しむ

友達と話し合い、工夫して表現する

文例 1

立体駐車場に興味をもち、画用紙や箱などの素材、セロテープやのりなどの道具を必要に応じて選び、つくり始める。でき上がりをイメージしながら、どうすればうまくつくれるか、試行錯誤してつくり上げていた。

自分がつくりたい物を具体的に思い描き、必要な材料を選択したり、工夫したりして、イメージ通りに立体物をつくり上げる姿に、「豊かな感性と表現」や「数量や図形、標識や文字などへの関心・感覚」の育ちが見えます。

自分で考え、試行錯誤して立体駐車場をつくり上げるところに「自立心」や「思考力の芽生え」が見えます。

おくじょうに つうじる みちも つくろう。

文例が含む10の姿は？
健康 **自立** 協同 道徳 社会 **思考** 自然 数量 言葉 **感性**

文例 2

色水遊びをする中で、光に当たった色水の美しさに気付き、「きらきらしてきれい」「ほうせきみたい」と想像力を豊かに広げ、言葉で表現する姿が見られた。その後、友達と宝石屋さんごっこを始めるなど、感性を生かした遊びを展開していた。

色水の美しさに気付き、感じたことを言葉で表現するところが、「豊かな感性と表現」「言葉による伝え合い」の姿。

きらきら ひかっているよ！

ほんとうだ！

文例が含む10の姿は？
健康 自立 協同 道徳 社会 思考 自然 数量 **言葉** **感性**

文例 3

雨や滴の音に気付き、友達と「ポットン、ボットン」「ザーザー」などと、言葉で表現し合って遊ぶ。そこから、音に合わせてリズムをとり、体を動かしたり、歌を口ずさんだり、豊かな表現を楽しむ姿があった。

> 雨音を言葉にしたり、雨音のリズムに合わせて体や歌で表現したりする姿に、「豊かな感性と表現」の育ちが見えます。

> 友達と、雨音を言葉にして遊ぶ様子は、「言葉による伝え合い」の姿。自然現象を楽しむ姿に「自然との関わり・生命尊重」も。

文例が含む10の姿は？

健康　自立　協同　道徳　社会　思考　**自然**　数量　**言葉**　**感性**

文例 4

劇遊びの中で、セリフを覚えたり、覚えたセリフをみんなの前で話したりしている。どうすれば、より役になりきれるか、友達と相談し、話し合う姿も見られる。

> セリフを覚えたり、役の演じ方を工夫したりして、劇遊びに夢中になる姿に、「豊かな感性と表現」の育ちが見えます。

> 同じ目的に向かって、友達と協同して取り組むところが、「協同性」の姿。

文例が含む10の姿は？

健康　自立　**協同**　道徳　社会　思考　自然　数量　言葉　**感性**

文例 5

落ち葉を見て、季節の変化に気付き、「いろいろないろがあってきれい」「ふむとカサカサおとがするよ」「おちてくるはっぱが、ようせいみたい！」と、感じたことを言葉で表現していた。落ち葉を拾って、紙に貼ったり、つなげて王冠をつくったりする姿も見られた。

> 季節の変化に気付いて、落ち葉の美しさを言葉にしたり、落ち葉を遊びに活用したりする様子に「豊かな感性と表現」「自然との関わり・生命尊重」の姿が。

> 感じたことを言葉で表現する姿に、「言葉による伝え合い」の育ちが見えます。

ようせいが おりてくるみたい。

文例が含む10の姿は？
健康　自立　協同　道徳　社会　思考　**自然**　数量　**言葉**　**感性**

文例 6

他のクラスに劇を見せようと、どの題材を選ぶか友達と相談したり、みんなで装置や小道具をつくったり、演じ方を提案するなど、率先して取り組んでいる。チラシをつくって、他のクラスの子どもを誘う姿も見られた。

> 道具をつくったり、演じ方を工夫したりする様子に「豊かな感性と表現」の育ちが見えます。

> 観客を集めたり、リーダーシップをとって劇の企画や準備に積極的に取り組む姿に「自立心」、友達と相談したり、一緒に協力して物をつくったりする様子に「協同性」の姿が感じられます。

こんど ○○ぐみで げきを やるから みに きてね！

うん。

きてね

文例が含む10の姿は？
健康　**自立**　**協同**　道徳　社会　思考　自然　数量　言葉　**感性**

こんな文章だと伝わらない！
要録のザンネン文例8

ここまで見ていただいた「10の姿」の文例の「見本」に対して、
ここからは反対の「ザンネンな文例」を紹介します。
多くの人がやりがちな間違いが分かるので、ぜひ参考にしてください。

ザンネン文例 1 >>>>

園庭の遊具を交代で利用しているとき、友達が順番を守らなかったり、いつまでも交代しなかったりすると「ちゃんと、じゅんばんをまもらなくちゃいけないんだよ」「もう、つぎのひととこうたいして」などと、注意する姿が見られる。

ザンネンPOINT
- 「人に注意する」＝その子の育ちを表すエピソードとは言えない。
- 注意した子どもの印象を悪くする可能性も。

グッジョブ文例
園庭の遊具を利用しているとき、以前は、いつまでも独り占めすることもあったが、最近では、友達が順番を待っているのに気付くと、「もっとつかいたい」という気持ちを抑えて、「○○ちゃんいいよ」などと友達と交代する姿が見られる。

人に注意しているところより、その子自身が「順番を守れるようになった」など、できるようになったことを書くべき！

「友達に注意できる」＝「本人がきちんと行動できている」とは限らないでしょ？

これを読んだ小学校の先生が、「おせっかいな子」などとマイナスに捉える可能性もあるぞ！

ザンネン文例 2 >>>>

地域の農家に育て方を教わり、夏野菜の栽培を始める。自分たちで苗を植え、水や肥料をあげたり、雑草や害虫を駆除したりしながら、毎日生長を楽しみにしていた。実がなったときは、全身で喜びを表現していた。

ザンネンPOINT
- 現象が書かれているだけで、子どもの育ちが見えてこない。

グッジョブ文例
地域の農家に育て方を教わり、夏野菜の栽培を始める。水や肥料をあげたり、雑草を抜いたりお世話することで、野菜が育っていく様子に驚き、その過程をうれしそうに観察していた。また、野菜を育てるたいへんさを知ったことで、ふだん食べている野菜のありがたさを知り、残さず食べようとする姿が見られた。

これではただ、外から見た子どもの様子を書いただけ！

「楽しみにしていた」「全身で喜びを表現していた」では、子どもの何が育ちつつあるのかが伝わらないですよ。

どんなふうに栽培したのかよりも、子どもにどんな成長が見られたかを具体的に書け〜！

ザンネン文例 3 >>>

鉄棒が苦手だった友達が、やっと一人で前回りができるようになったとき、「すごいね」「ぜんいんできてよかったね」と自分のことのように喜ぶ姿が見られた。

ザンネンPOINT
- 友達のほうが主役になってしまっている。
- 肝心の子どもの育ちが書かれていない。

グッジョブ文例
鉄棒が苦手だった友達に、「れんしゅうすればできるようになるよ」「こうするといいよ」などと、励ましたり、自分が考えたコツを教えたりする姿が見られる。友達が一人で前回りができるようになると、自分のことのように喜び合う姿が見られた。

「前回りに成功した友達」の話になってるぞ！

「自分のことのように喜んだ」だけでは、情報不足！

鉄棒ができない友達を見て、子どもが何を感じ、どんな言動をしたのか、そこからどんな育ちが読み取れるのかを書くことが大切だよ！

ザンネン文例 4 >>>

友達と一緒に、お菓子の家づくりを始める。大小のダンボールを組み合わせて、中に入れるような家の形をつくり、屋根や扉を付けたり、お菓子の絵を貼り付けたりする。紙皿に色を塗って貼り付けたり、白い紙をくしゃくしゃにして生クリームに見立てたり、工夫する姿も見られた。

ザンネンPOINT
- 工作の製作工程が書かれた文章になってしまっている。

グッジョブ文例
友達と一緒に、ダンボールを組み合わせてお菓子の家づくりを始め、どうすればお菓子の家に見えるか、相談しながら試行錯誤していた。「かみをくしゃくしゃにすると、なまクリームみたいになるよ」「のりよりテープのほうがくっつくね」などと、自分たちなりに発見したり、工夫したりして、最後までやり遂げる姿が見られた。

お菓子の家づくりの知識だけは得られそうだが。

大切なのは、工作を通して子どもが何に気付いて、どんなことができるようになったかを書くことです！

「子どもがこんなにすごい物をつくったよ」と紹介したい気持ちも分かるけど、そこがメインになってしまってはダメ〜！

ザンネン文例 5 >>>

友達と口論になり、一方的に思いを主張する相手に、「ちょっと、わたしのきもちもきいてよ!」と、自分の思っていることを主張できる。

ザンネンPOINT
- 子どもが、読み手にマイナスなイメージをもたれてしまう可能性が高い。
- 子どもの育ちについての説明が足りない。

グッジョブ文例
友達とトラブルになったとき、以前は一方的に相手の思いを聞くだけだったが、相手の思いに耳を傾けながら、自分の気持ちをきちんと言葉で説明し、伝える姿が見られるようになった。

子どもの言葉の印象がきつくて、ただの自己主張が強い子にしか感じられないぜ!

「口論」という言葉も、子どもにしては、きつい印象。別の言葉に!

ただ「主張できる」ところだけじゃなく、相手の話を聞く態度や、話し方などにも触れて、子どものよい面が伝わるようにしよう。

ザンネン文例 6 >>>

『オズの魔法使い』の物語を聞いた後、友達と一緒に登場人物になりきって、劇遊びを始める。どうすれば臆病なライオンに見えるのか、友達と相談しながら、動きや話し方を工夫したり、頭に付けるライオンのたてがみをつくったりしていた。

ザンネンPOINT
- 必要のない情報まで書かれていて、伝えたいことが伝わりにくくなっている。

グッジョブ文例
劇遊びの中で、セリフを覚えたり、覚えたセリフをみんなの前で話したりしている。どうすれば、より役になりきれるか、友達と相談し、話し合う姿も見られる。

『オズの魔法使い』「臆病なライオン役」など、具体的な名称は不要な情報!そこまで書かなくても、子どもの育ちは伝えられるからね。

具体的に書くのは、どんな言葉や行動に子どもの育ちが見えたかということだぞ!

ザンネン文例 7

観劇会で見たミュージカルの歌や踊りを覚えていて、友達と真似して遊ぶ姿が見られる。周りの友達に「すごい」「じょうずだね」と褒められ、とても喜んでいた。

ザンネンPOINT
- 「人に褒められた」＝子どもの育ちではない。
- 子どもの育ちが具体的に書かれていない。

グッジョブ文例
観劇会で見たミュージカルに感動して、友達と一緒に、歌や踊りの真似をするようになる。「こんなふうにまわっていたよね」「もっとおおきなこえでうたおう」などと練習したり、小道具をつくったりして、ミュージカルの登場人物になりきり、表現を楽しむ姿が見られる。

「褒められて、とても喜んでいた」って、これじゃあ、ただ目で見たままを書いただけではないですか！

「褒められた」という事実からは、子どもの育ちを読み取ることはできないよ。

同じように、「勝ったこと」や「賞を取ったこと」も、それ自体が子どもの育っている姿ではないからな！

ザンネン文例 8

発表会でダンスを披露したとき、音楽を流すと、体全体でリズムをとり、歌を口ずさみながら、体を思いきり動かして踊る姿が見られた。

ザンネンPOINT
- ふだんの生活の中で見られる子どもの育ちを表すエピソードとは言えない。
- 子どもの自主性が感じられない。

グッジョブ文例
雨や滴の音に気付き、友達と「ポットン、ボットン」「ザーザー」などと、言葉で表現して遊ぶ。そこから、音に合わせてリズムをとり、体を動かしたり、歌を口ずさんだり、豊かな表現を楽しむ姿があった。

発表会での姿は、保育者が環境を整え、指導した結果だし、その他の子どもにも当てはまるだろ。

もっと、その子自身が自分で考えたり、気付いたりする姿が見えるエピソードを書くんだ！

保育所児童保育要録
幼稚園幼児指導要録
幼保連携型認定こども園園児指導要録
各要録の書き方

保育所、幼稚園、幼保連携型認定こども園、各要録のフォーマットを使って、記入項目とその書き方を解説します。記入例も紹介しているので、要録を書くときの参考に。この章を見れば要録の書き方が全て分かります！

保育所児童保育要録 の書き方

「入所に関する記録」と「保育に関する記録」の2枚からなる保育所児童保育要録。その記入内容や書き方のポイントを見てみよう！

保育所児童保育要録

用紙の1枚目 「入所に関する記録」の書き方

保育所児童保育要録（入所に関する記録）

児童	ふりがな 氏名	きよき　あきら 清木　聖		性別	男
		2012年 12月 25日生			
	現住所	大阪府○○市□□町1丁目2番地3			
保護者	ふりがな 氏名	きよき　せいじ 清木　聖次			
	現住所	児童の欄に同じ			
入所	2013年 4月 1日		卒所	2019年 3月 31日	
就学先	○○市立□□小学校				
保育所名 及び所在地	社会福祉法人△△会　○○保育園 大阪府○○市□□町1丁目1番地1				
施設長 氏名	佐藤良子 ㊞				
担当保育士 氏名	鈴木まさみ ㊞ 高橋きょう子 ㊞				

児童

子どもの氏名・性別・生年月日・現住所を書こう！
- □ 現住所には、子どもが現在生活している住所を書くよ。都道府県名やマンション名なども略さず記入しよう。
- □ 住所に変更があった場合は、二重線で消して、新しい住所を書き込もう。間違いではないので、押印はしなくてOK！

例

~~大阪府○○市□□町1丁目2番地3~~
大阪府◇◇市△△町1234-5　学研マンション501号室

保護者

保護者の氏名・現住所を書こう！
- □ 子どもの親権者（通常は両親のどちらか）の氏名を書くよ。親権者がいない場合は後見人の氏名を書いて、後ろに（後見人）と書いておこう。
- □ 住所には、親権者の住所を記入しよう。子どもと同じなら「児童の欄に同じ」でOK！

入所、卒所

入所・卒所の年月日を書こう！
- □ 入所日は市区町村が通知した入所年月日を、卒所日は保育所で定めた卒所予定日を書くよ。

就学先

就学先の名称を書こう！
- □ 児童が就学する小学校の名前を、「○○市立」などから省略せずに記入しよう。

保育所名及び所在地

保育所の正式名称と所在地を書こう！
- □ 保育所の正式名称を省略せずに書いて、所在地は都道府県名から記入しよう。

施設長氏名、担当保育士氏名

施設長の氏名と担当保育士の氏名を記入＆押印！
- □ 年度の途中で担当が替わった場合は、それぞれの氏名の近くに担当期間も書いておく。年度末の担当者は押印をすること！
- □ 複数担当の場合は名前を併記＆押印。副担任は（副担任）と添えよう。

保育所児童保育要録

用紙の2枚目 「保育に関する記録」の書き方

例1

保育所児童保育要録（保育に関する記録）

本資料は、就学に際して保育所と小学校（義務教育学校の前期課程及び特別支援学校の小学部を含む。）が子どもに関する情報を共有し、子どもの育ちを支えるための資料である。

ふりがな	きよき　あきら	保育の過程と子どもの育ちに関する事項	最終年度に至るまでの育ちに関する事項
氏名	清木　聖	**（最終年度の重点）** ・友達や集団の中で自分の思いを表現したり、積極的に活動に参加できるようになる。	・0歳のときに入所。すぐに園の環境に慣れ、保育者があやすと、大きな声でよく笑う。はいはいできるようになると、よく動き回る。
生年月日	2012 年 12 月 25 日		・1歳児のときには、おもちゃを手に取って試したり、友達のやっている遊びを真似したり、様々な遊びに興味をもつ。
性別	男	**（個人の重点）** ・遊びや活動を通して、自分の考えや行動に自信がもてるようになる。	

ねらい（発達を捉える視点）

		（保育の展開と子どもの育ち）
健康	明るく伸び伸びと行動し、充実感を味わう。	・仲のよい友達との関係から、小集団の中では自分の思いや考えを表現できるように育ちつつある。以前は友達がいないと心細い様子が見られていたが少しずつクラスの中でも笑顔で過ごせるようになっている。クラスでの取組や友達と遊ぶ経験を繰り返す中で、関係の幅が広がり、意欲的に活動に参加する様子が見られ、自分の思いを素直に表現できるようになってきている。
	自分の体を十分に動かし、進んで運動しようとする。	
	健康、安全な生活に必要な習慣や態度を身に付け、見通しをもって行動する。	
人間関係	保育所の生活を楽しみ、自分の力で行動することの充実感を味わう。	
	身近な人と親しみ、関わりを深め、工夫したり、協力したりして一緒に活動する楽しさを味わい、愛情や信頼感をもつ。	・絵画活動に意欲的で、絵の具の原色から様々な色をつくり出したり、筆を使った独特な表現をしたりして、独創的な発想で、自由にかく姿が見られる。クラスのみんなに認められたことも自信につながっていて、クラスの協同製作では、友達の声を尊重しながらも、自分の思いを伝え、作品をつくり上げようとする姿が見られる。
	社会生活における望ましい習慣や態度を身に付ける。	
環境	身近な環境に親しみ、自然と触れ合う中で様々な事象に興味や関心をもつ。	
	身近な環境に自分から関わり、発見を楽しんだり、考えたりし、それを生活に取り入れようとする。	
	身近な事象を見たり、考えたり、扱ったりする中で、物の性質や数量、文字などに対する感覚を豊かにする。	・共同で使うおもちゃや道具を使った後、自主的に汚れを洗って落としたり、元にあった場所に戻すとともにきれいに並べて片づけたりする姿が見られる。みんなで使う物を大切に扱おうとする気持ちが育っている。
言葉	自分の気持ちを言葉で表現する楽しさを味わう。	
	人の言葉や話などをよく聞き、自分の経験したことや考えたことを話し、伝え合う喜びを味わう。	・数字や数に興味をもち、カレンダーの数字を読んだり、真似して書いたりする姿や、1対1対応で物の数を10までかぞえて遊ぶ姿が見られる。
	日常生活に必要な言葉が分かるようになるとともに、絵本や物語などに親しみ、言葉に対する感覚を豊かにし、保育士等や友達と心を通わせる。	
表現	いろいろなものの美しさなどに対する豊かな感性をもつ。	**（特に配慮すべき事項）**
	感じたことや考えたことを自分なりに表現して楽しむ。	特になし
	生活の中でイメージを豊かにし、様々な表現を楽しむ。	

（最終年度に至るまでの育ちに関する事項 続き）

・2歳児の頃には、特に絵を描いたり、粘土で好きな形をつくったりすることなどを好み、熱中する姿が見られる。

・3歳の頃には、仲のよい友達ができ、一緒に遊ぶ機会が増えるようになる。

・4歳児になると、いろいろな道具や材料を使っておえかきや工作を楽しむようになる。

こんな育ちが

いろいろなものに興味をもつ姿に、「思考力、判断力、表現力等の基礎」や「学びに向かう力、人間性等」の育ちが見えます。

こんな育ちが

意欲的に取り組んだり、友達との関係を深めたりする姿に、「学びに向かう力、人間性等」の育ちが分かります。

こんな育ちが

道具や材料を選び、工夫する姿から、「思考力、判断力、表現力等の基礎」の育ちが感じられます。

幼児期の終わりまでに育ってほしい姿

※各項目の内容等については、別紙に示す「幼児期の終わりまでに育ってほしい姿について」を参照すること。

- 健康な心と体
- 自立心
- 協同性
- 道徳性・規範意識の芽生え
- 社会生活との関わり
- 思考力の芽生え
- 自然との関わり・生命尊重
- 数量や図形、標識や文字などへの関心・感覚
- 言葉による伝え合い
- 豊かな感性と表現

保育の展開と子どもの育ち

詳しい書き方はPART2（33ページ〜）へ

欄外にも注目

保育所における保育は、養護及び教育を一体的に行うことをその特性とするものであり、保育所における保育全体を通じて、養護に関するねらい及び内容を踏まえた保育が展開されることを念頭に置き、次の各事項を記入すること。

〇保育の過程と子どもの育ちに関する事項

＊最終年度の重点：年度当初に、全体的な計画に基づき長期の見通しとして設定したものを記入すること。

＊個人の重点：1年間を振り返って、子どもの指導について特に重視してきた点を記入すること。

＊保育の展開と子どもの育ち：最終年度の1年間の保育における指導の過程と子どもの発達の姿（保育所保育指針第2章「保育の内容」に示された各領域のねらいを視点として、子どもの発達の実情から向上が著しいと思われるもの）を、保育所の生活を通して全体的、総合的に捉えて記入すること。その際、他の子どもとの比較や一定の基準に対する達成度についての評定によって捉えるものではないことに留意すること。あわせて、就学後の指導に必要と考えられる配慮事項等について記入すること。別紙を参照し、「幼児期の終わりまでに育ってほしい姿」を活用して子どもに育まれている資質・能力を捉え、指導の過程と育ちつつある姿をわかりやすく記入するように留意すること。

＊特に配慮すべき事項：子どもの健康の状況等、就学後の指導において配慮が必要なこととして、特記すべき事項がある場合に記入すること。

〇最終年度に至るまでの育ちに関する事項

子どもの入所時から最終年度に至るまでの育ちに関し、最終年度における保育の過程と子どもの育ちの姿を理解する上で、特に重要と考えられることを記入すること。

最終年度の重点
- [ ] 最終年度の初めに園の保育士たちで話し合って設定した、学年共通の指導の重点を書こう。

個人の重点
- [ ] 最終年度の1年間を振り返って、子どもを指導するうえで特に重視してきたところを書こう。

ここ大事!!

最終年度に至るまでの育ちに関する事項

「資質・能力」の3つの柱を意識して書こう！

94・95ページも参照 >>>

- [ ] 最初に、入所（転入）してきた時期や在籍期間を書くよ。
- [ ] 次に、入所から最終年度までの子どもの様子を振り返って、各学年で特にどんなところが育ったかを、具体的に、簡潔に書こう。**「資質・能力」の3つの柱を意識して（36ページ原文参照）**、子どもが何に気付いたり、考えたりしたのか、どんなことに意欲をもって取り組んだかなど、子どもの育ちがよく分かるように書く必要があるよ。
- [ ] 最終年度の保育の過程と子どもの育ちの姿を理解するうえで、特に重要だと思うことを書くといいよ。

記録を見直して、各学年でその子の一番伸びた部分を記入しよう！

子どもの姿がよく分かるエピソードを短くまとめて書くこと！

✕ こんな書き方はNG ザンネン文例

> 最終年度に至るまでの育ちに関する事項
> ・0歳児のとき、人見知りもなく、特に問題なく過ごせていた。
> ・1歳児のとき、活発に動き回り、好奇心が旺盛だった。
> ・2歳児のとき、言葉をたくさん覚えて、よくおしゃべりするようになった。
> ・3歳児のとき、絵をかくのが好きで、自分からよく絵をかいていた。
> ・4歳児のとき、仲のよい友達ができて、一緒に遊ぶようになった。

（解説）できるようになったことを羅列するだけで、子どもの何が育っているのかが見えてこず、徐々に育っていく過程も伝わってこない！

要注意POINT!

特に配慮すべき事項

余計なことは書かない

- [ ] 子どもの健康状態など、小学校入学後、その子を指導するうえで配慮が必要なことを記入する欄だけど、病歴や障害などについては、重要な個人情報となるので、記入は慎重に。
- [ ] 書くことがない場合は、書き忘れと思われないよう、空欄にせずに「特になし」と記入すること！

小学校入学前に、就学時健康診断を受けるので、子どもの病歴などを書く必要はナシ！

基本的には何も書かず、「特になし」でいいんだ。

保育所における保育は、養護及び教育を一体的に行うことをその特性とするものであり、保育所における保育全体を通じて、養護に関するねらい及び内容を踏まえた保育が展開されることを念頭に置き、次の各事項を記入すること。
○保育の過程と子どもの育ちに関する事項
＊最終年度の重点：年度当初に、全体的な計画に基づき長期の見通しとして設定したものを記入すること。
＊個人の重点：1年間を振り返って、子どもの指導について特に重視してきた点を記入すること。
＊保育の展開と子どもの育ち：最終年度の1年間の保育における指導の過程と子どもの発達の姿（保育所保育指針第2章「保育の内容」に示された各領域のねらいを視点として、子どもの発達の実情から向上が著しいと思われるもの）を、保育所の生活を通して全体的、総合的に捉えて記入すること。その際、他の子どもとの比較や一定の基準に対する達成度についての評定によって捉えるものではないことに留意すること。あわせて、就学後の指導に必要と考えられる配慮事項等について記入すること。別紙を参照し、「幼児期の終わりまでに育ってほしい姿」を活用して子どもに育まれている資質・能力を捉え、指導の過程と育ちつつある姿をわかりやすく記入するように留意すること。
＊特に配慮すべき事項：子どもの健康の状況等、就学後の指導において配慮が必要なこととして、特記すべき事項がある場合に記入すること。
○最終年度に至るまでの育ちに関する事項
子どもの入所時から最終年度に至るまでの育ちに関し、最終年度における保育の過程と子どもの育ちの姿を理解する上で、特に重要と考えられることを記入すること。

「保育所児童保育要録」2枚目の記入欄の下に書かれている小さな文字も要チェック！ここには記入内容の説明や、10の姿の考え方など、「要録」を書くための重要ポイントがまとめられているから、必ず読んでね。

保育所児童保育要録

用紙の2枚目 「保育に関する記録」の書き方

例2

保育所児童保育要録（保育に関する記録）

本資料は、就学に際して保育所と小学校（義務教育学校の前期課程及び特別支援学校の小学部を含む。）が子どもに関する情報を共有し、子どもの育ちを支えるための資料である。

ふりがな	さくらだ はる	保育の過程と子どもの育ちに関する事項	最終年度に至るまでの育ちに関する事項
氏名	桜田 春	（最終年度の重点） ・友達や保育者との関わりの中で生活習慣が自立していく。 ・友達や保育者との関わりの中で言葉の表現やコミュニケーションが豊かになっていく。	・0歳から入所。 ・入所当時から園で穏やかに過ごすことができている。友達とのトラブルも少なく、何か起こったときには自分が引くことが多い。 ・2歳児の頃までは、一人で集中して遊ぶことが多かったが、3歳児になると友達の様子をじっと見ていたり、周りの様子が気になったりする姿が見られるようになった。保育士が間を取りもつと、友達の輪の中に入り、うれしそうに遊ぶ姿が見られる。
生年月日	2012年4月15日		
性別	女	（個人の重点） ・様々な遊びや活動の経験を重ね、自分のやりたいことを見つけ、主体的に取り組む。 ・遊びや活動を通して、友達の気持ちを理解するようにする。	

ねらい（発達を捉える視点）

		（保育の展開と子どもの育ち）
健康	明るく伸び伸びと行動し、充実感を味わう。 自分の体を十分に動かし、進んで運動しようとする。 健康、安全な生活に必要な習慣や態度を身に付け、見通しをもって行動する。	・友達と関わりたいという思いが強くなり、自分から遊びに参加したり、話しかけたり、積極的な関わりが見られるようになる。最初は、うまく言葉が出なくて、手が出ることもあったが、保育者が言いたいことを代弁し、仲介するなどの援助をすると、コミュニケーションのとり方が分かるようになり、友達と穏やかに過ごせるようになった。 ・体を動かすことに楽しさを感じ、積極的に運動遊びに参加している。その中で、順番を守るなどのマナーや、様々な集団遊びのルールを理解し、率先して守ろうとする姿が見られるようになり、集団で遊ぶ楽しさを感じ、伸び伸びと体を動かしている。 ・製作遊びでは、物を並べたりつなげることが好きで、物の数や形、大きさなどに興味をもつ。また、つくった物をクラスの友達から認められた喜びが自信につながり、自分が納得できる物ができるまで、諦めずに繰り返しやり遂げようとする姿が見られる。 ・高齢者施設へ訪問したことをきっかけに、地域にいる様々な人を意識するようになり、散歩で出会った人に、自分から挨拶をする姿が見られる。
人間関係	保育所の生活を楽しみ、自分の力で行動することの充実感を味わう。 身近な人と親しみ、関わりを深め、工夫したり、協力したりして一緒に活動する楽しさを味わい、愛情や信頼感をもつ。 社会生活における望ましい習慣や態度を身に付ける。	
環境	身近な環境に親しみ、自然と触れ合う中で様々な事象に興味や関心をもつ。 身近な環境に自分から関わり、発見を楽しんだり、考えたり、それを生活に取り入れようとする。 身近な事象を見たり、考えたり、扱ったりする中で、物の性質や数量、文字などに対する感覚を豊かにする。	
言葉	自分の気持ちを言葉で表現する楽しさを味わう。 人の言葉や話などをよく聞き、自分の経験したことや考えたことを話し、伝え合う喜びを味わう。 日常生活に必要な言葉が分かるようになるとともに、絵本や物語などに親しみ、言葉に対する感覚を豊かにし、保育士等や友達と心を通わせる。	
表現	いろいろなものの美しさなどに対する豊かな感性をもつ。 感じたことや考えたことを自分なりに表現して楽しむ。 生活の中でイメージを豊かにし、様々な表現を楽しむ。	（特に配慮すべき事項） 既往症あり(アレルギー除去食対応)

幼児期の終わりまでに育ってほしい姿

※各項目の内容等については、別紙に示す「幼児期の終わりまでに育ってほしい姿について」を参照すること。

- 健康な心と体
- 自立心
- 協同性
- 道徳性・規範意識の芽生え
- 社会生活との関わり
- 思考力の芽生え
- 自然との関わり・生命尊重
- 数量や図形、標識や文字などへの関心・感覚
- 言葉による伝え合い
- 豊かな感性と表現

友達との関係について、最終学年につながる育ちが書かれていて、日々の保育の積み重ねの中で育っていく子どもの姿が伝わりやすい！

こんな育ちが
友達の存在に興味をもち、友達と関わりながら遊びを楽しむ姿に、「思考力、判断力、表現力等の基礎」や「学びに向かう力、人間性等」の育ちが読み取れます。

年齢別（92ページ参照）ではなく入所から最終学年度までの育ちをまとめて書いてもOK。

子どもの健康状態などについて記入する場合は、まず、保護者と相談を。そして保護者の希望があった場合のみ、「既往症あり(アレルギー除去食)」「支援必要児」などと最低限の情報を記入すること。

PART 3

各要録の書き方

保育所

保育所児童保育要録

用紙の2枚目 「保育に関する記録」の書き方

例3

幼稚園

こども園

保育所児童保育要録（保育に関する記録）

本資料は、就学に際して保育所と小学校（義務教育学校の前期課程及び特別支援学校の小学部を含む。）が子どもに関する情報を共有し、子どもの育ちを支えるための資料である。

ふりがな	なつい あつみ	保育の過程と子どもの育ちに関する事項	最終年度に至るまでの育ちに関する事項
氏名	夏井 あつみ	（最終年度の重点） ・友達や保育者との関わりの中で、自分の思いを言葉で表現できるようになる。	・4歳児の7月に、東京都○○区の□□保育所より転入。
生年月日	2012 年 8 月 1 日	（個人の重点） ・保育者が思いに寄り添い、思いを共有できるようにした。 ・自信があること、頑張っていることを認め自尊心が高まるようにした。	・入園当初は、帰りたいと泣いたり、保育者のそばを離れないことが多かったが、絵本の読み聞かせなど、好きな遊びが見つかると徐々に、気持ちも安定していった。そこから劇遊びに興味を広げ、友達と一緒に協力して準備や練習を行ううちに、自分から積極的に友達と関わろうとする姿が見られるようになった。
性別	女		

ねらい（発達を捉える視点）		保育の過程と子どもの育ちに関する事項
健康	明るく伸び伸びと行動し、充実感を味わう。	（保育の展開と子どもの育ち） ・体を動かすことが得意で伸び伸びと遊び、運動が苦手な友達に取組のコツを伝えたり、応援したり、できたことを喜び合ったりする姿が見られる。
	自分の体を十分に動かし、進んで運動しようとする。	
	健康、安全な生活に必要な習慣や態度を身に付け、見通しをもって行動する。	・以前は思い通りにいかないことやはじめての取組などに苦手意識があったが、運動遊びを通して、自信がつき、友達を思いやる気持ちや集団で過ごすことの喜び、心地よさを感じる姿が見られるようになった。特に体を動かす活動では、クラスの中心になって、友達と相談したり、工夫し合ったりして積極的に取り組むことができている。
人間関係	保育所の生活を楽しみ、自分の力で行動することの充実感を味わう。	
	身近な人と親しみ、関わりを深め、工夫したり、協力したりして一緒に活動する楽しさを味わい、愛情や信頼感をもつ。	
	社会生活における望ましい習慣や態度を身に付ける。	・人間関係では、異年齢との活動を通して、年下の子どもの存在に気付き、相手を尊重する気持ちをもって行動できるようになる。他者と様々なやり取りをし、葛藤の体験を重ねる中で、友達の変化や困っている様子に気付き、思いやる姿が見られる。
環境	身近な環境に親しみ、自然と触れ合う中で様々な事象に興味や関心をもつ。	
	身近な環境に自分から関わり、発見を楽しんだり、考えたりし、それを生活に取り入れようとする。	
	身近な事象を見たり、考えたり、扱ったりする中で、物の性質や数量、文字などに対する感覚を豊かにする。	・身近な生き物に関心をもち、観察や飼育を繰り返す中で好奇心や探究心をもって、考えたことを言葉で素直に表現しようとする姿が見られる。また飼育しながら継続して関心をもって生き物と接することを通して、命の大切さという新たな気付きが生まれ、生き物に丁寧に関わる姿が見られる。
言葉	自分の気持ちを言葉で表現する楽しさを味わう。	
	人の言葉や話などをよく聞き、自分の経験したことや考えたことを話し、伝え合う喜びを味わう。	
	日常生活に必要な言葉が分かるようになるとともに、絵本や物語などに親しみ、言葉に対する感覚を豊かにし、保育士等や友達と心を通わせる。	
表現	いろいろなものの美しさなどに対する豊かな感性をもつ。	
	感じたことや考えたことを自分なりに表現して楽しむ。	
	生活の中でイメージを豊かにし、様々な表現を楽しむ。	（特に配慮すべき事項） ✖ ・右耳が難聴の可能性あり（現在通院中）

幼児期の終わりまでに育ってほしい姿

※各項目の内容等については、別紙に示す「幼児期の終わりまでに育ってほしい姿について」を参照すること。

- 健康な心と体
- 自立心
- 協同性
- 道徳性・規範意識の芽生え
- 社会生活との関わり
- 思考力の芽生え
- 自然との関わり・生命尊重
- 数量や図形、標識や文字などへの関心・感覚
- 言葉による伝え合い
- 豊かな感性と表現

転入してきた子どもの場合は、転入前に在籍していた園の場所・名前なども書いておこう。

こんな育ちが

葛藤を乗り越えて、自分で好きな遊びを見つけて、楽しめるようになる姿に、「資質・能力」の「知識及び技能の基礎」や「学びに向かう力、人間性等」の育ちが見えます。

こんな育ちが

劇遊びに興味をもって友達と協力して活動したり、友達と積極的に関わったりする姿に、「思考力、判断力、表現力等の基礎」や「学びに向かう力、人間性等」の育ちが見えます。

コレはNG!

マイナスに捉えられかねない情報、診断がついていない症状など、曖昧な情報を記入するのはやめよう。
⭕「特になし」

幼稚園幼児指導要録 の書き方

「学籍に関する記録」「指導に関する記録」「最終学年の指導に関する記録」の3枚で構成される幼稚園幼児指導要録。その記入事項や書き方のポイントを解説するよ!

幼稚園幼児指導要録

用紙の1枚目 「学籍に関する記録」の書き方

学級、整理番号

>>> クラスの名前・整理番号を書こう!

- 年度ごとに、在籍していた学級名を書こう。全ての欄を使わない場合は、右に寄せて記入するよ。
- 整理番号には、生年月日順や名前の50音順など、園で決めた番号を書けばOK!

幼稚園幼児指導要録（学籍に関する記録）

区分 \ 年度	平成 年度	平成28年度	平成29年度	平成30年度
学 級		ぱんだ	くま	ぞう
整理番号		25	22	26

幼児	ふりがな 氏名	ふゆの こゆき 冬野 小雪		性別	女
		平成25年2月9日生			
	現住所	東京都○○区▲▲町5丁目5番地5			

保護者	ふりがな 氏名	ふゆの いちご 冬野 壱吾
	現住所	幼児の欄に同じ

入 園	平成28年4月1日	入園前の状況	両親が共働きであったため、平成27年まで●●保育園(東京都××区●●町1丁目1番地1)に在籍。転居に伴い、当園に入園。
転入園	平成 年 月 日		
転・退園	平成 年 月 日	進学先等	○○区立▲▲小学校 東京都○○区▲▲町3丁目3番地3
修 了	平成30年3月31日		

幼稚園名及び所在地	学校法人学研学園　○○幼稚園 東京都○○区▲▲町5丁目5番地5		
年度及び入園(転入園)・進級時の幼児の年齢	平成 年度 歳 か月	平成28年度 3歳2か月	平成29年度 4歳2か月	平成30年度 5歳2か月
園長氏名印		高田みちこ㊞	高田みちこ㊞	高田みちこ㊞
学級担任者氏名印		松田ちか㊞	松田ちか (4月1日～8月31日) 木村ゆうこ (9月1日～3月31日) ㊞	木村ゆうこ㊞

96

幼児
子どもの氏名・性別・生年月日・現住所を書こう！
- 現住所には、子どもが現在生活している住所を、都道府県名やマンション名を略さず記入しよう。
- 住所に変更があった場合は、二重線で消して、新しい住所を書くよ。押印はなしでOK！

保護者
保護者の氏名・現住所を書こう！
- 子どもの親権者の氏名と住所を書くよ。親権者がいない場合は、後見人の氏名を書き、その後ろに（後見人）と書こう。
- 住所には、親権者の住所を書こう。子どもと同じなら「幼児の欄に同じ」でOK。

入園、転入園、転・退園、修了
年月日を書こう！
- 公立の場合は市区町村の教育委員会が通知した入園日（原則4月1日）、その他の園の場合は園が定めた入園日を書こう。
- 他園から転入してきた場合は、その年月日を「転入園」の欄に記入するよ。
- 転園した場合は、転園先が公立なら転園先の園が転入を許可した日の前日の日付を「転・退園」の欄に書こう。その他の園の場合は、園で定めた日を記入するよ。
- 退園した場合は、その年月日を記入して、退園理由を「進学先等」の欄に書くこと（保育所に入所する場合は退園扱いになるよ。「進学先等」の欄には入所する保育所の名称・所在地を記入しよう）。
- 修了の欄には、公立幼稚園の場合、市区町村の教育委員会が定めた日（原則として3月31日）を記入するよ。その他の幼稚園は、園で定めた修了の日を書こう。

入園前の状況
集団生活の経験を書こう！
- 入園前に、保育所などで集団生活の経験（海外を含む）があるかどうかを記入しよう。
経験がある場合は、その施設の名称と所在地、その理由を書くよ。ない場合は「集団生活の経験なし」「特記事項なし」などと記入すること。

進学先等
進学先の名称と所在地を書こう！
- 進学する小学校の名前を省略せず書いて、その所在地を記入しよう。
- 転園する場合は、その転園先の名称と所在地をここに書くよ。

幼稚園名及び所在地
幼稚園の正式名称と所在地を書こう！
- 園の正式名称を省略せずに書こう。
- 所在地は都道府県名から記入しよう。ゴム印を使用してもOK！

園長氏名、学級担任者氏名
園長の氏名と担任の氏名を記入＆押印！
- 年度内に園長や担任が替わった場合は、名前の近くにそれぞれの担当期間も記入しよう。
- 年度末に園長、担任だった人が押印すること。

年度及び入園（転入園）・進級時の幼児の年齢
進級時の年齢を書こう！
- 園に在籍中の各年度と、4月1日時点での子どもの年齢を月齢まで記入しよう。

幼稚園幼児指導要録

用紙の2枚目 「指導に関する記録」の書き方

例1

幼稚園幼児指導要録（指導に関する記録）

ふりがな 氏名			平成　年度	平成 28 年度	平成 29 年度
ふゆの　こゆき **冬野　小雪** 平成 25 年 2 月 9 日生	指導の重点等		（学年の重点）	（学年の重点） ・新しい環境の中、先生や友達との関わりの中で安心して過ごす。	（学年の重点） ・いろいろな遊びや活動に積極的に関わり、興味を広げる。
性別 **女**			（個人の重点）	（個人の重点） ・気の合う友達との関わりを中心に、クラスの取組や活動に参加する中で楽しさを感じられるようにする。	（個人の重点） ・自分の思いを言葉で表現できるようになる。

ねらい（発達を捉える視点）

こんな育ちが
友達と活動する楽しさに気付く姿に「資質・能力」の「知識及び技能の基礎」の育ちが見え、友達の真似をする姿には、「思考力、判断力、表現力等の基礎」の育ちが読み取れます。

こんな育ちが
友達を思う気持ちの芽生えに、「学びに向かう力、人間性等」の育ちが見えます。

こんな育ちが
経験で気付いたことを使って試す姿から、「思考力、判断力、表現力等の基礎」の育ちが分かります。

健康 人間関係 環境 言葉 表現	考 事 項

・入園当初は、クラスの取組になかなか入れない姿が見られたが、友達と一緒に活動する楽しさに気付く姿や、友達の活動を真似する姿が見られるようになった。友達と一緒なのがうれしく、「いっしょだね」などと言い合ったり、互いを思う気持ちの芽生えが見られる。

・ままごと遊びが好きで、ご飯をつくったり、お皿を洗ったりと、家庭での経験から気付いたことを試しながら模倣する姿が見られる。

・ままごと遊びの中で、生活の決まりや家族の役割の意味に気付き、道具を使いながら、役になりきって表現する姿が見られる。

・友達との葛藤や思いをうまく伝えられない時期を、大人の仲立ちにより乗り越え、年下の友達や他者との違いに気付き、対応できるようになってきた。

・生活習慣が身に付き、一日の流れを理解し、見通しをもって身辺整理や準備をするなど、自立した行動が見られる。

こんな育ちが
生活の中で新たなことに気付き、道具の使い方を覚えたり、役になりきって表現したりする姿に「資質・能力」の3つの柱の育ちが見えます。

こんな育ちが
年下の友達や他者との違いに気付き、相手に合わせた対応ができるようになった姿や、見通しをもって生活できるようになった姿から、「知識及び技能の基礎」の育ちが分かります。

同じままごと遊びでも、年齢によって違う気付きや学びがあることが書かれているのがGOOD!　経験を積み重ねるとともにより大きく育っていく様子が伝わってくるね。

出欠状況	年度	28 年度	29 年度	備考	特になし	特になし
	教育日数	252	250			
	出席日数	230	230			

学年の重点：年度当初に、教育課程に基づき長期の見通しとして設定したものを記入
個人の重点：1年間を振り返って、当該幼児の指導について特に重視してきた点を記入
指導上参考となる事項：
(1) 次の事項について記入すること。
　①1年間の指導の過程と幼児の発達の姿について以下の事項を踏まえ記入すること。
　　・幼稚園教育要領第2章「ねらい及び内容」に示された各領域のねらいを視点として、当該幼児の発達の実情から向上が著しいと思われるもの。
　　　その際、他の幼児との比較や一定の基準に対する達成度についての評定によって捉えるものではないことに留意すること。
　　・幼稚園生活を通して全体的、総合的に捉えた幼児の発達の姿。
　②次の年度の指導に必要と考えられる配慮事項等について記入すること。
(2) 幼児の健康の状況等指導上特に留意する必要がある場合等について記入すること。
備考：教育課程に係る教育時間の終了後等に行う教育活動を行っている場合には、必要に応じて当該教育活動を通した幼児の発達の姿を記入すること。

98

学年の重点

- 学年共通の指導重点を記入しよう。年度の初めに、学年を担当する保育者全員で話し合い、教育課程に基づいて設定した内容だよ。

個人の重点

- 1年間を振り返り、その子どもに対して特に重点を置いて指導してきた点を書くよ。子ども一人一人の資質や能力に合わせた内容を心がけよう。

指導上参考となる事項

ここ大事！！

100・101ページも参照 >>>

3つの「資質・能力」の視点で書く

- 5領域や指導の重点を踏まえた遊びや活動を通して、子どものどのようなところが育ちつつあるかを書こう。そのとき必要なのが、3つの**「資質・能力」**（36ページ原文参照）の視点。1年を振り返ってみて、育みたい資質・能力のどの部分が育ちつつあるか、その子どもなりの学びの芽を捉えて、具体的に記入しよう。
- 毎日の保育の中で教師が行ってきた援助と、それによって子どもにどのような育ちが見られたかを書くと、小学校の先生たちも、その子にとって必要な援助や、どう向き合っていくかのイメージが湧くよ。

3歳、4歳、そして5歳と子どもがどんなふうに育ってきたのか、育ちの積み重ねが分かるように書くことが大切だよ！

「資質・能力」の3つの柱を意識して、その育ちが分かるように書くことも忘れずに！

出欠状況

要注意POINT!

教育日数と出席日数を書こう

- 「教育日数」には、1年間に教育した総日数を記入しよう。そこには、休暇中の登園日など、教育課程に位置付けられている行事なども含まれるけれど、自由参加の行事などは含まれないよ。
- 満3歳で入園した子どもや転入園の子どもの場合は、**入園した日**からの教育日数を記入しよう。
- 転・退園した子どもの場合は、退園までの教育日数を書こう。
- 「出席日数」には、1年間に出席した総日数を記入しよう。早退や遅刻も出席扱いでOK。

備考

出席状況に関する備考があれば書く

- ここは**出欠状況に関する備考欄**。伝染病などによる出席停止や忌引、母親の出産帰省のための長期欠席などがあった場合、その理由と日数を記入しよう。
- 「教育課程に係る教育時間の終了後等に行う教育活動」を行っている場合、そこで見られる発達の姿を記入してもOK。

幼稚園幼児指導要録

用紙の2枚目 「指導に関する記録」の書き方

例2

幼稚園幼児指導要録（指導に関する記録）

ふりがな	あきの このは		平成　年度	平成 28 年度	平成 29 年度
氏名	秋野　木葉	指導の重点等	（学年の重点）	（学年の重点） ・教師や友達との関わりの中で安定して過ごす。	（学年の重点） ・友達との関わりの中で様々な活動に積極的に参加する。
平成24年11月5日生					
性別	女		（個人の重点）	（個人の重点） ・クラスの取組や、小集団での遊び等に興味をもち参加できるように仲介する。	（個人の重点） ・友達と協力したり、一緒に行う活動を通し喜びや、楽しみが感じられるようにする。

ねらい（発達を捉える視点） / **上になる事項**

- 健康
  - 明るく伸び伸びと行動し、充実感を味わう。
  - 自分の体を十分に動かそうとする。
  - 健康、安全な生活に必要な習慣や態度を身に付け、見通しをもって行動する。
- 人間関係
  - 保育所の生活を楽しみ、自分の力で行動することの充実感を味わう。
  - 身近な人と親しみ、関わりを深め、工夫したり、協力したりして一緒に活動する楽しさを味わい、愛情や信頼感をもつ。
  - 社会生活における望ましい習慣や態度を身に付ける。
- 環境
  - 身近な環境に親しみ、自然と触れ合う中で様々な事象に興味や関心をもつ。
  - 身近な環境に自分から関わり、発見を楽しんだり、考えたりし、それを生活に取り入れようとする。
  - 身近な事象を見たり、考えたり、扱ったりする中で、物の性質や数量、文字などに対する感覚を豊かにする。
- 言葉
  - 自分の気持ちを言葉で表現する楽しさを味わう。
  - 人の言葉や話などをよく聞き、自分の経験したことや考えたことを話し、伝え合う喜びを味わう。
  - 日常生活に必要な言葉が分かるようになるとともに、絵本や物語などに親しみ、言葉に対する感覚を豊かにし、先生や友達と心を通わせる。

【平成28年度の記録】
・入園当初は、不安や緊張から、活動に消極的な様子も見られたが、担任との関係が築かれたことをきっかけに、クラスの活動にも参加できるようになる。その中で気の合う友達ができ、一緒に過ごす時間が増えている。
・はじめての取組に苦手意識があり、なかなかやりたがらないことがあったが、教師や友達が誘うと、少しずつ興味をもち、「やってみよう」という前向きな気持ちや行動が見られるようになった。
・身支度や片づけなどに時間がかかることが多かったが、手を出し過ぎず、見守っていると、徐々に園生活のペースに慣れ、素早く行動できるようになった。

【平成29年度の記録】
・気の合う友達が増えてくるとともに、自分の意見や考えを自分の言葉で伝えようとする姿が見られるようになった。
・集団での制作活動の中で、みんなで一つの物をつくり上げる楽しさや充実感を味わう姿が見られる。「つぎはもっとおおきなおうちをつくろう」などと意欲を見せる姿がある。
・野菜の栽培体験の中で、植物が生長していく過程に、驚いたり、喜んだりする姿が見られる。それがきっかけで、身近な植物がどのように生長するのかに興味をもち、先生に聞いたり、絵本を眺めたりする姿が見られる。

【吹き出し】
こんな育ちが
クラス活動への参加や友達との活動、園生活に必要な行動ができるようになったところに、「資質・能力」の「知識及び技能の基礎」の育ちが見えます。

こんな育ちが
何事にも意欲的に取り組もうとする姿に、「学びに向かう力、人間性等」の育ちが見えます。

こんな育ちが
自分の考えを言葉で伝えようとする姿に、「資質・能力」の「思考力、判断力、表現力等の基礎」の育ちが見えます。

こんな育ちが
友達と一緒に物をつくる楽しさを感じたり、身近な植物に興味をもち、好奇心をもって行動する姿に、「学びに向かう力、人間性等」の育ちが見えます。

こんな育ちが
植物が生長する姿に驚きや喜びを感じるところに、「知識及び技能の基礎」の育ちが読み取れます。

クラス活動や友達関係で、3歳から4歳にかけて、徐々にできることが増えたり、新しいことに気付いたりする姿が書かれていて、その子の育ちのプロセスがよく分かるね！

感染症で出席停止になった場合や忌引休暇があったときには、備考の欄に、「出席停止〇日」「忌引休暇〇日」と書くよ。

1か月以上など、長期間の欠席があり、出席日数が明らかに少ない場合には、その日数や理由を記入してもよいよ。ただし、病名などの個人情報は書かないこと！

出欠状況	年度	28年度	29年度	備考		出席停止 5日	母親の出産帰省のため 1学期に30日欠席
	教育日数	250	250				
	出席日数	242	213				

100

PART 3

各要録の書き方

保育所

幼稚園

こども園

幼稚園幼児指導要録

用紙の2枚目 # 「指導に関する記録」の書き方

例3

幼稚園幼児指導要録（指導に関する記録）

ふりがな 氏名	あまや　　どうり **雨家　道理** 平成 24 年 6 月 10日生	指導の重点等	平成　　年度 （学年の重点）	平成　　年度 （学年の重点）	平成 29 年度 （学年の重点） ・新しい環境の中で、クラスで過ごすことのうれしさや楽しみを感じる。
性別	**男**		（個人の重点）	（個人の重点）	（個人の重点） ・自分の思いを相手に伝えられるように仲介していく。

	ねらい （発達を捉える視点）	指導上参考となる事項	
健康	明るく伸び伸びと行動し、充実感を味わう。		・他の園での集団生活の経験があったため、生活面は特に問題なく過ごせたが、環境が変化した不安や緊張から、当初はクラスとの関わりには消極的な様子が見られた。しかし、気の合う友達ができたことで気持ちが安定し、集団活動にも抵抗なく参加できるようになり、笑顔で楽しむ姿が見られるようになった。
	自分の体を十分に動かし、進んで運動しようとする。		
	健康、安全な生活に必要な習慣や態度を身に付け、見通しをもって行動する。		
人間関係	保育所の生活を楽しみ、自分の力で行動することの充実感を味わう。		・集中して遊ぶことが得意で、積み木や粘土などで複雑な形をつくったり、細かい作業を楽しむ姿があった。つくった物がクラスで認められて、周りに友達が集まるようになり、自信や安心感を得たことから、更に自分なりの目標をもって工作に取り組む姿が見られる。
	身近な人と親しみ、関わりを深め、工夫したり、協力したりして一緒に活動する楽しさを味わい、愛情や信頼感をもつ。		
	社会生活における望ましい習慣や態度を身に付ける。		
環境	身近な環境に親しみ、自然と触れ合う中で様々な事象に興味や関心をもつ。		
	身近な環境に自分から関わり、発見を楽しんだり、考えたりし、それを生活に取り入れようとする。		
	身近な事象を見たり、考えたり、扱ったりする中で、物の性質や数量、文字などに対する感覚を豊かにする。		
言葉	自分の気持ちを言葉で表現する楽しさを味わう。		・自分の言いたいことがあっても黙り込むところがあり、トラブルでも自分が引くことが多かった。「言いたいことがあったら教えて」などと声をかけるようにすると、少しずつ自分の思いを口にできるようになってきた。
	人の言葉や話などをよく聞き、自分の経験したことや考えたことを話し、伝え合う喜びを味わう。		
	日常生活に必要な言葉が分かるようになるとともに、絵本や物語などに親しみ、言葉に対する感覚を豊かにし、保育士等や友達と心を通わせる。		
表現	いろいろなものの美しさなどに対する豊かな感性をもつ。		
	感じたことや考えたことを自分なりに表現して楽しむ。		
	生活の中でイメージを豊かにし、様々な表現を楽しむ。		

出欠状況		年度	年度	29年度	備考	
	教育日数			250		
	出席日数			218		✗ 既往症あり

こんな育ちが

積み木や粘土製作で、自分なりに工夫したり、表現したりする姿や、自分の思いを口にできるようになる姿から、「思考力、判断力、表現力等の基礎」の育ちが分かります。

こんな育ちが

集団生活を楽しめるようになる姿に、基本的な生活習慣に必要な「知識及び技能の基礎」の育ちが見えます。

こんな育ちが

目標に向かって意欲的に取り組むところに、「学びに向かう力、人間性等」の育ちが見えます。

こんな育ちが

子どもの育ちを助けるため、幼稚園教諭がどんな援助をしたのかを書いておくと、小学校教諭の指導の参考になります。

コレはNG!

「備考」は、出欠状況に関することを書く欄なので、ここに健康状態を記入するのは間違い！
○「特になし」

101

幼稚園幼児指導要録

用紙の3枚目 「最終学年の指導に関する記録」の書き方

幼稚園幼児指導要録（最終学年の指導に関する記録）

ふりがな	ふゆの　こゆき		平成 30 年度	
氏名	冬野　小雪	指導の重点等	（学年の重点） ・友達や保育者に認められる中で、自分らしさを発揮する。	
	平成 25 年 2 月 9 日生			
性別	女		（個人の重点） ・得意なことや好きなことを認めながら自信につながるようにしていく。	

幼児期の終わりまでに育ってほしい姿

「幼児期の終わりまでに育ってほしい姿」は、幼稚園教育要領第2章に示すねらい及び内容に基づいて、各幼稚園で、幼児期にふさわしい遊びや生活を積み重ねることにより、幼稚園教育において育みたい資質・能力が育まれている幼児の具体的な姿であり、特に5歳児後半に見られるようになる姿である。「幼児期の終わりまでに育ってほしい姿」は、とりわけ幼児の自発的な活動としての遊びを通して、一人一人の発達の特性に応じて、これらの姿が育っていくものであり、全ての幼児に同じように見られるものではないことに留意すること。

ねらい（発達を捉える視点）		指導上参考となる事項	幼児期の終わりまでに育ってほしい姿	
健康	明るく伸び伸びと行動し、充実感を味わう。	・ごっこ遊びの展開が豊かで、家族の設定や役割の割り振り、必要な物の用意などを、友達と一緒に工夫しながら行っている。例えば、用途の違う物を調理器具に見立てて使用したり、いろいろな素材を使用して道具をつくったりしている。友達とイメージを共有し、自分たちで考えることを楽しんでいる様子が見られる。 ・友達が困っていたり、集団から離れていたりすると、そのことに気付き、声をかけたり、話を聞いてあげるなど、仲間意識が強く、友達を思いやる優しい姿が見られる。 ・棚の上に飾ってある玩具は触らないなど、クラスのルールや約束ごとを理解し、きちんと守ろうとする姿が見られる。ときにはルールを知らない友達や年下の友達に優しく伝えることもあり、物事のよし悪しが理解できるとともに説明する力が身に付いてきている。	**健康な心と体**	幼稚園生活の中で、充実感をもって自分のやりたいことに向かって心と体を十分に働かせ、見通しをもって行動し、自ら健康で安全な生活をつくり出すようになる。
	自分の体を十分に動かし、進んで運動しようとする。		**自立心**	身近な環境に主体的に関わり様々な活動を楽しむ中で、しなければならないことを自覚し、自分の力で行うために考えたり、工夫したりしながら、諦めずにやり遂げることで達成感を味わい、自信をもって行動するようになる。
	健康、安全な生活に必要な習慣や態度を身に付け、見通しをもって行動する。			
人間関係	保育所の生活を楽しみ、自分の力で行動することの充実感を味わう。		**協同性**	友達と関わる中で、互いの思いや考えなどを共有し、共通の目的の実現に向けて、考えたり、工夫したり、協力したりし、充実感をもってやり遂げるようになる。
	身近な人と親しみ、関わりを深め、工夫したり、協力したりして一緒に活動する楽しさを味わい、愛情や信頼感をもつ。		**道徳性・規範意識の芽生え**	友達と様々な体験を重ねる中で、してよいことや悪いことが分かり、自分の行動を振り返ったり、友達の気持ちに共感したりし、相手の立場に立って行動するようになる。また、きまりを守る必要性が分かり、自分の気持ちを調整し、友達と折り合いを付けながら、きまりをつくったり、守ったりするようになる。
	社会生活における望ましい習慣や態度を身に付ける。			
環境	身近な環境に親しみ、自然と触れ合う中で様々な事象に興味や関心をもつ。		**社会生活との関わり**	家族を大切にしようとする気持ちをもつとともに、地域の身近な人と触れ合う中で、人との様々な関わり方に気付き、相手の気持ちを考えて関わり、自分が役に立つ喜びを感じ、地域に親しみをもつようになる。また、幼稚園内外の様々な環境に関わる中で、遊びや生活に必要な情報を取り入れ、情報に基づき判断したり、情報を伝え合ったり、活用したりするなど、情報を役立てながら活動するようになるとともに、公共の施設を大切に利用するなどして、社会とのつながりなどを意識するようになる。
	身近な環境に自分から関わり、発見を楽しんだり、考えたりし、それを生活に取り入れようとする。			
	身近な事象を見たり、考えたり、扱ったりする中で、物の性質や数量、文字などに対する感覚を豊かにする。		**思考力の芽生え**	身近な事象に積極的に関わる中で、物の性質や仕組みなどを感じ取ったり、気付いたりし、考えたり、予想したり、工夫したりするなど、多様な関わりを楽しむようになる。また、友達の様々な考えに触れる中で、自分と異なる考えがあることに気付き、自ら判断したり、考え直したりするなど、新しい考えを生み出す喜びを味わいながら、自分の考えをよりよいものにするようになる。
言葉	自分の気持ちを言葉で表現する楽しさを味わう。			
	人の言葉や話をよく聞き、自分の経験したことや考えたことを話し、伝え合う喜びを味わう。		**自然との関わり・生命尊重**	自然に触れて感動する体験を通して、自然の変化などを感じ取り、好奇心や探究心をもって考え言葉などで表現しながら、身近な事象への関心が高まるとともに、自然への愛情や畏敬の念をもつようになる。また、身近な動植物に心を動かされる中で、生命の不思議さや尊さに気付き、身近な動植物への接し方を考え、命あるものとしていたわり、大切にする気持ちをもって関わるようになる。
	日常生活に必要な言葉が分かるようになるとともに、絵本や物語などに親しみ、言葉に対する感覚を豊かにし、保育士等や友達と心を通わせる。			
表現	いろいろなものの美しさなどに対する豊かな感性をもつ。		**数量や図形、標識や文字などへの関心・感覚**	遊びや生活の中で、数量や図形、標識や文字などに親しむ体験を重ねたり、標識や文字の役割に気付いたりし、自らの必要感に基づきこれらを活用し、興味や関心、感覚をもつようになる。
	感じたことや考えたことを自分なりに表現して楽しむ。		**言葉による伝え合い**	先生や友達と心を通わせる中で、絵本や物語などに親しみながら、豊かな言葉や表現を身に付け、経験したことや考えたことなどを言葉で伝えたり、相手の話を注意して聞いたりし、言葉による伝え合いを楽しむようになる。
	生活の中でイメージを豊かにし、様々な表現を楽しむ。			
出欠状況	30 年度	備考	特になし	**豊かな感性と表現**	心を動かす出来事などに触れ感性を働かせる中で、様々な素材の特徴や表現の仕方などに気付き、感じたことや考えたことを自分で表現したり、友達同士で表現する過程を楽しんだりし、表現する喜びを味わい、意欲をもつようになる。
	教育日数 251			
	出席日数 245			

学年の重点：年度当初に、教育課程に基づき長期の見通しとして設定したものを記入
個人の重点：1年間を振り返って、当該幼児の指導について特に重視してきた点を記入
指導上参考となる事項：
(1) 次の事項について記入すること。
　①1年間の指導の過程と幼児の発達の姿について以下の事項を踏まえ記入すること。
　　・幼稚園教育要領第2章「ねらい及び内容」に示された各領域のねらいを視点として、当該幼児の発達の実情から向上が著しいと思われるもの。
　　　その際、幼児の比較や一定の基準に対する達成度についての評定によって捉えるものではないことに留意すること。
　　・幼稚園生活を通して全体的、総合的に捉えた幼児の発達の姿。
　②次の年度の指導に必要と考えられる配慮事項等について記入すること。

PART 3 各要録の書き方

保育所

幼稚園

こども園

学年の重点
- 最終年度の初めにその学年を担当する教師が話し合って決めた、教育課程に基づく学年共通の指導重点を記入しよう。

個人の重点
- 最終年度の1年間を振り返って、その子どもに対して特に重点を置いて指導してきたところを書こう。

指導上参考となる事項
詳しい書き方はPART2（33ページ〜）へ

備考 要注意POINT!
>>> 最終年度の出欠状況について何かあれば書く
- 2枚目の「備考」の欄と同じように、伝染病などによる出席停止や忌引、長期の休みなどがあったとき、その理由と欠席日数を書くよ。ただし、具体的な病名などの個人情報は書かないこと!
- 「教育課程に係る教育時間の終了後等に行う教育活動」を行っている場合、必要ならば、そこで見られる子どもの育ちを記入してもOK!

出欠状況
>>> 最終年度の教育日数と出席日数を書く
- 「教育日数」には1年間に教育した総日数を書くよ（99ページ参照）。
- 「出席日数」は、早退や遅刻も含めた、1年間に出席した総日数を記入しよう。

何も書くことがなくても空欄にするのはNG！ 書き忘れと思われないように「特になし」と書いておこう。

「その子の中で大きく成長したところを書く」「他の子と比べない」。これは最終学年に限らず、全ての学年の記入で徹底しよう！

欄外に書かれている文字も要チェック！ここには、記入欄の説明の他、子どもの捉え方や10の姿の考え方など、「要録」を書くときの注意点が書かれているから、読み飛ばさないようにね。

欄外にも注目

学年の重点：年度当初に、教育課程に基づき長期の見通しとして設定したものを記入
個人の重点：1年間を振り返って、当該幼児の指導について特に重視してきた点を記入
指導上参考となる事項：
(1) 次の事項について記入すること。
　①1年間の指導の過程と幼児の発達の姿について以下の事項を踏まえ記入すること。
　　・幼稚園教育要領第2章「ねらい及び内容」に示された各領域のねらいを視点として、当該幼児の発達の実情から向上が著しいと思われるもの。
　　　その際、他の幼児との比較や一定の基準に対する達成度についての評定によって捉えるものではないことに留意すること。
　　・幼稚園生活を通して全体的、総合的に捉えた幼児の発達の姿。
　②次の年度の指導に必要と考えられる配慮事項等について記入すること。
　③最終年度の記入に当たっては、特に小学校等における児童の指導に生かされるよう、幼稚園教育要領第1章総則に示された「幼児期の終わりまでに育ってほしい姿」を活用して幼児に育まれている資質・能力を捉え、指導の過程と育ちつつある姿を分かりやすく記入するように留意すること。また、「幼児期の終わりまでに育ってほしい姿」が到達すべき目標ではないことに留意し、項目別に幼児の育ちつつある姿を記入するのではなく、全体的、総合的に捉えて記入すること。
(2) 幼児の健康の状況等指導上特に留意する必要がある場合等について記入すること。
備考：教育課程に係る教育時間の終了後等に行う教育活動を行っている場合には、必要に応じて当該教育活動を通した幼児の発達の姿を記入すること。

103

幼保連携型認定こども園園児指導要録 の書き方

「学籍等に関する記録」「指導等に関する記録」「最終学年の指導に関する記録」の3枚で構成されている幼保連携型認定こども園園児指導要録。その記入法とポイントを解説するよ。

幼保連携型認定こども園園児指導要録

用紙の1枚目 **「学籍等に関する記録」の書き方**

幼保連携型認定こども園園児指導要録（学籍等に関する記録）

区分＼年度	平成　年度	平成28年度	平成29年度	平成30年度
学　級		りんご組	みかん組	ぶどう組
整理番号		7	6	7

園児	ふりがな 氏　名	こいざわ　のぼる 鯉沢　登 平成 24 年 5 月 20 日生		性別	男
	現住所	福岡県○○市▲区△△町1234－1			
保護者	ふりがな 氏　名	こいざわ　えいみ 鯉沢　泳美			
	現住所	園児の欄に同じ			

入　園	平成25年 4 月 1 日	入園前の 状　況	集団生活の経験なし
転入園	平成　年　月　日		
転・退園	平成　年　月　日	進学・ 就学先等	○○市立△△小学校 福岡県○○市▲区△△町1234－5
修　了	平成31年 3 月31日		

園名 及び所在地	学校法人学習学園　△△こども園 福岡県○○市●区△△町1005－8		

年度及び入園（転入園） ・進級時等の園児の年齢	平成　年度 歳　　か月	平成 25年度 0歳 10か月	平成 26年度 1歳 10か月	平成 27年度 2歳 10か月
園　長 氏名　印		山田由紀子 ㊞	山田由紀子 ㊞	山田由紀子 ㊞
担当者 氏名　印		奥田光㊞ 清水敏子㊞	奥田光㊞ 山本紀子㊞	荒川美紀 ㊞
年度及び入園（転入園） ・進級時等の園児の年齢	平成　年度 歳　　か月	平成 28年度 3歳 10か月	平成 29年度 4歳 10か月	平成 30年度 5歳 10か月
園　長 氏名　印		山田由紀子 ㊞	山田由紀子 ㊞	山田由紀子 ㊞
学級担任者 氏名　印		吉山基子 ㊞	田中咲 ㊞	高木志穂 ㊞

学級、整理番号
>>> **クラスの名前・整理番号を書こう！**
- 在籍年度と学級名を右に寄せて記入しよう。
- 整理番号の欄は、園で決めた名前の五十音順などの番号を記入してOK。

園児
>>> **子どもの氏名・性別・生年月日・現住所を書こう！**
- 現住所の欄には、子どもが生活している場所を都道府県名やマンション名を略さず記入しよう。
- 住所に変更があったら、二重線で消して、新しい住所を書き込もう。押印はなしでOK！

保護者
>>> **保護者の氏名・現住所を書こう！**
- 子どもの親権者の氏名と住所を記入しよう。親権者以外の場合は、後見人の氏名を書き、その後ろに(後見人)と書くこと。

入園、転入園、転・退園、修了
>>> **年月日を書こう！**
- 公立の場合は市区町村の教育委員会が通知した入園日（原則4月1日）、私立は園が定めた入園日を書こう。
- 他園から転入してきた場合は、その年月日を「転入園」の欄に記入しよう。
- 転園した場合、転園先が公立なら、転園先の園が転入を許可した日の前日を、「転・退園」の欄に記入するよ。私立の場合は、園で定めた日を記入しよう。
- 退園した場合は、その年月日を記入して、退園理由を「進学・就学先等」の欄に書こう（97ページ参照）。
- 修了の欄には、公立の場合、市区町村の教育委員会が定めた日（原則3月31日）を記入。私立は、園で定めた修了の日を記入しよう。

入園前の状況
>>> **集団生活の経験を書こう！**
- 入園前に、保育所などで集団生活の経験（海外を含む）があるかどうかを記入するよ。
経験がある場合は、その施設の名称と所在地、その理由を書こう。ない場合は、空欄にしないで、「集団生活の経験なし」と記入すること。

進学・就学先等
>>> **進学先の名称と所在地を書こう！**
- 進学する小学校の名前を省略せずに書き、その所在地も記入しよう。
- 転園する場合は、転園先の名称と所在地をここに記入するよ。

園名及び所在地
>>> **こども園の名称と所在地を書こう！**
- 園の正式名称を省略せずに記入しよう。
- 所在地は都道府県名から記入を。ゴム印を使用してもOKだよ。

年度及び入園（転入園）・進級時等の園児の年齢、園長氏名、学級担任者氏名
>>> **年度と入園・進級時等の年齢を記入 園長と担任の氏名を記入＆押印！**
- 各年度と、4月1日時点での子どもの年齢を月齢まで記入しよう。
- 年度内に園長や担任が替わったときは、名前の近くにそれぞれの担当期間も書くよ。年度末に園長、担任だった人が名前の近くに押印すること。
- 複数担任の場合は全員の氏名を記入＆押印。

幼保連携型認定こども園園児指導要録

用紙の2枚目 「指導等に関する記録」の書き方

例1

幼保連携型認定こども園園児指導要録（指導等に関する記録）

			平成　　年度	平成 28 年度	平成 29 年度
氏名	こいざわ のぼる 鯉沢 登	性別 男	指導の重点等 （学年の重点）	（学年の重点） ・安定した園生活を過ごす。 ・友達と一緒にいることや一緒に遊ぶことを喜ぶ。	（学年の重点） ・健康・安全等、生活に必要な習慣を身に付ける。 ・友達とのつながりをもち主体的に遊びを進める。
平成 24 年 5 月 20 日生			（個人の重点）	（個人の重点） ・好きな遊びを見つけ進んで遊ぶ。	（個人の重点） ・やりたいことを友達や保育者に伝えやり取りを楽しむ。

こんな育ちが
遊びのルールを理解して、守れるようになる姿に、「資質・能力」の「知識及び技能の基礎」の育ちが見えます。

こんな育ちが
年下の友達に対して、思いやりの気持ちをもち、言葉や態度で表現しようとする姿に、「思考力、判断力、表現力等の基礎」や「学びに向かう力、人間性等」の育ちが見えます。

こんな育ちが
文字に興味をもったり、泥団子づくりを工夫したりする姿に、「資質・能力」の3つの柱の育ちが読み取れます。

こんな育ちが
食べ物の大切さに気付き、栄養バランスを考えたり、野菜が食べられるようになる姿や、数の概念に気付き、身近なものの数をかぞえてみる姿に、「資質・能力」の「知識及び技能の基礎」と「思考力、判断力、表現力等の基礎」の育ちが見えます。

こんな育ちが
相手の意見を聞き、自分の思いを伝える姿から、「思考力、判断力、表現力等の基礎」の育ちが分かります。

こんな育ちが
協力したり工夫したりして、積極的に楽しむ姿から、「思考力、判断力、表現力等の基礎」や「学びに向かう力、人間性等」の育ちが読み取れます。

平成 28 年度欄：
- 数名の友達とおにごっこなどの遊びを体験する中で、遊びのルールを理解し、守りながら遊ぶ姿が見られる。
- 年下の友達を意識するようになり、「おにいちゃんがやってあげる」などと、思いやりをもって優しく接する姿が見られる。
- 文字の存在に気付き、紙に文字のようなものを書いて、友達に「おてがみあげる」と渡す姿があった。友達に「これはなんてよむの？」と聞かれるとうれしそうに答える姿も見られた。
- 泥団子づくりをしている年長児の様子を見て、砂場で自分なりに泥団子をつくり始める。年長児の真似をしながら丸くしようとする姿が見られた。

平成 29 年度欄：
- 食べ物の働きと体の関係を知ったのをきっかけに、自分なりに栄養バランスを考えて、苦手な野菜も食べられるようになった。
- グループ活動では友達の意見をよく聞いている。また、友達に「のぼるくんはどうしたい？」と尋ねられると、自分の思ったことや考えていたことを伝える姿も見られる。
- 数に興味をもち、地域の方が育てているミニトマトを見て「こっちは○こ」「あっちは△こ」などと言いながら、数をかぞえることを楽しむ姿が見られる。
- いろいろな曲に合わせてタンバリンをたたいて楽しんでいる。たたくポーズを工夫したり、音楽を体を使って表現する姿が見られる。

健康／人間関係／環境／言葉／表現

		平成　　年度	平成 28 年度	平成 29 年度
	（特に配慮すべき事項）		特になし	特になし
出欠状況	教育日数			
	出席日数		228	230

【満3歳未満の園児に関する記録】

	平成　　年度	平成 25 年度	平成 26 年度	平成 27 年度
園児の育ちに関する事項		音楽が好きで、音が流れると体を揺らして喜んでいた。	いろいろな遊びに興味をもち、試してみる姿が見られた。	言葉が達者になり、楽しそうにおしゃべりをする姿が見られた。

子どもが好きで熱中していた遊びや、一番育ったところなど、その子の資質・能力が分かる内容を一言ずつ記入しよう！

学年の重点：年度当初に、教育課程に基づき長期の見通しとして設定したものを記入
個人の重点：1年間を振り返って、当該園児の指導について特に重視してきた点を記入
指導上参考となる事項：
(1) 次の事項について記入
　①1年間の指導の過程と園児の発達の姿について以下の事項を踏まえ記入すること。
　・幼保連携型認定こども園教育・保育要領に示された養護に関する事項を踏まえ、第2章第3の「ねらい及び内容」に示された各領域のねらいを視点として、園児の発達の実情から向上が著しいと思われるもの。
　　その際、他の園児との比較や一定の基準に対する達成度についての評定によって捉えるものではないことに留意すること。
　・園生活を通して全体的、総合的に捉えた園児の発達の姿。
　②次の年度の指導に必要と考えられる配慮事項等について記入すること。
(2) 「特に配慮すべき事項」には、園児の健康の状況等、指導上特記すべき事項がある場合に記入すること。
園児の育ちに関する事項：当該園児の、次の年度の指導に特に必要と考えられる育ちに関する事項や配慮事項、健康の状況等の留意事項等について記入

学年の重点
- 教育課程に基づいて決めた、年度ごとの学年共通の指導重点を記入しよう。

個人の重点
- 1年間を振り返って、その子どもに対して特に重点を置いて指導してきた点を記入しよう。子ども一人一人の資質や能力に合わせた内容になるよ！

ここ大事！！

指導上参考となる事項
「指導上参考となる事項」には何を書くの？

- 5領域や指導の重点を踏まえた遊びや活動を通して、子どものどのようなところが育ちつつあるかを、**「資質・能力」の3つの柱（36ページ原文参照）**を意識して書こう。子ども一人一人のその年齢なりの学びの芽を捉えて、具体的に書くんだよ。
- 毎日の保育の中で保育教諭が行ってきた援助と、それによって子どもにどのような育ちが見られたかについても記入しよう。

108・109ページも参照 >>>

「資質・能力」の3つの柱を手がかりに、その子ならではの育ちを書こう。

最終学年に向かって、徐々に育っていく子どもの姿が伝わるようにね！

出欠状況
教育日数と出席日数を書こう

- 「教育日数」には1年間に教育した総日数を記入。休暇中の登園日など、教育課程に位置付けられた行事なども含まれるけれど、自由参加のプール遊びなどの行事は含まれないよ。
- 満3歳で入園した子どもや転入園の子どもの場合は、入園時からの教育日数を記入。転・退園した子どもの場合は、退園までの教育日数を記入するよ。
- 「出席日数」には、早退・遅刻も含めて、1年間に出席した総日数を記入しよう。

要注意POINT!

特に配慮すべき事項
「特になし」が基本

- 子どもの健康状態など、その子を指導するうえで配慮が必要なことを記入する欄だけど、病歴などの個人情報の記入は慎重に。
- 書くことがない場合は、書き忘れと勘違いされないように、「特になし」と記入するよ。

小学校入学前には、「就学時健康診断」といって医師が子どもの健康状態をチェックする機会があるから、病歴などを園から伝える必要はないんだ。

「特に配慮すべき事項」は、何も書かず、「特になし」とするのが基本だよ。

ここ大事！！

満3歳未満の園児に関する記録
「資質・能力」を意識して簡潔に

- 満3歳未満の園児について、次の年度に引き継ぐ必要のある育ちに関する配慮事項などについて記入するよ。
- 特に、各年度を振り返って、子どもが興味を示したものや、子どもの育ちが見えたところなど、子どもの資質や能力が分かる事柄を簡潔に書こう。

幼保連携型認定こども園園児指導要録

用紙の2枚目 「指導等に関する記録」の書き方

例2

自分の気持ちを伝えるだけではなく、相手の意見に耳を傾けられるようになったり、好きな虫について知識を深めていったり、3歳児から4歳児にかけての育ちがよく分かるのが◎。

幼保連携型認定こども園園児指導要録

ふりがな	うんの かける	性別	指導の重点等	平成 年度	平成 28 年度	平成 29 年度
氏名	海野 翔	男		(学年の重点)	(学年の重点) ・基本的な習慣を身に付ける。 ・友達や身近な人と関わることの楽しさを十分に味わう。	(学年の重点) ・健康・安全等、生活に必要な習慣を身に付ける。 ・友達とのつながりをもち、主体的に遊びを進める。
平成 24 年 8 月 8 日生				(個人の重点)	(個人の重点) ・自分の思いや要求を言葉で伝える。 ・生活のリズムを整える。	(個人の重点) ・友達との関わりの中で、思いやりやいたわりの気持ちをもつ。 ・集団での決まりを守ることの大切さに気付く。

ねらい（発達を捉える視点）

健康

こんな育ちが
自分の気持ちに折り合いを付けたり、気持ちを言葉で表現しようとする姿に、「資質・能力」の「思考力、判断力、表現力等の基礎」と「学びに向かう力、人間性等」の育ちが見えます。

人間関係

こんな育ちが
様々な発見を楽しんだり、友達と言葉による伝え合いを楽しんだりする姿に、「資質・能力」の3つの柱の育ちが見えます。

環境

こんな育ちが
絵本の登場人物を自分なりに表現する姿から、「思考力、判断力、表現力等の基礎」の育ちが読み取れます。

言葉

[28年度欄]
・自分の思いが通らないと大声で泣くことがあったが、保育者が話を聞き、思いを受け止めると次第に落ち着く。これを繰り返すうちに、気持ちを言葉で表せるようになってきた。
・進級当初は、自分から友達の輪に入れず、担任が仲立ちすることもあったが、最近では、「○○くんといっしょがいい」「ブロックであそぼう」などと友達に声をかけて遊びに誘うようになる。
・園庭の植木鉢の下にいたダンゴムシを発見したことをきっかけに虫に興味をもつ。園庭にいるアリなどの虫をじっと観察したり、発見したことを大人に伝えに来たりする姿が見られる。
・絵本の登場人物に憧れ、大きく体を動かしたり、力強い声を出したりして表現している。

[29年度欄]
・友達と一緒におにごっこをしたり、サッカーをしたり運動遊びが好きで、伸び伸びと体を動かす気持ちよさを感じている様子が見られる。
・手先が器用で、折り紙を幾つもつないで複雑な形をつくるなど、細かい作業に夢中になっている。
・些細なことで友達とトラブルになると、自分の意見を通そうとするところがあったが、保育者が言葉をかけると、相手の言葉にも耳を傾けるなど、徐々に友達の思いを受け入れようとする姿が見られる。
・園庭で発見したアゲハチョウの卵をケースに入れ、保育室で飼育し始める。毎日、ケースをのぞいて観察したり、図鑑や絵本を見ながら成長を楽しみにする姿が見られる。

こんな育ちが
伸び伸びと運動遊びを楽しむ姿や、手先を器用に使って折り紙などを楽しむ姿に、「資質・能力」の「知識及び技能の基礎」の育ちが見えます。

こんな育ちが
考えたり、工夫したりしながら工作する姿から、「思考力、判断力、表現力等の基礎」や「学びに向かう力、人間性等」の育ちが分かります。

こんな育ちが
相手の言葉を聞き、気持ちを理解しようとする姿に、「学びに向かう力、人間性等」の育ちが見えます。

表現

(特に配慮すべき事項)
特になし

こんな育ちが
好きな虫を飼育する中で、新しい発見をしたり、予想したりする姿から、「資質・能力」の3つの柱の育ちが分かります。

出欠状況	年度	28年度	29年度
	教育日数	252	250
	出席日数	230	234

「満3歳未満の園児に関する記録」の欄が4つある理由は、0歳児は月齢によって年度をまたいで在籍する（0歳児クラスに2年在籍する）ことがあるためだよ。

【満3歳未満の園児に関する記録】

園児の育ちに関する事項	平成 24 年度	平成 25 年度	平成 26 年度	平成 27 年度
	0歳3か月で途中入園。「いないいないばあ」をすると声をあげて喜ぶ。	興味のあるおもちゃを自分から取りに行き、一つの物でじっくり遊ぶ姿が見られた。	生き物や空の雲など、動きのあるものをじっくりと見るのを楽しんでいた。	砂遊びが好きで、泥団子を幾つもつくり、丁寧に並べることに熱中していた。

108

PART 3
各要録の書き方

保育所　幼稚園　こども園

幼保連携型認定こども園園児指導要録

用紙の**2枚目** 「指導等に関する記録」の書き方

例3

幼保連携型認定こども園園児指導要録（指導等に関する記録）

ふりがな	くりやま　みのり		性別	指導の重点等	平成　　年度	平成　　年度	平成 29 年度
氏名	栗山　実		女		（学年の重点）	（学年の重点）	（学年の重点） ・遊びや生活に必要な習慣や態度を身に付ける。 ・相手の気持ちを考えながら互いに伝え合うことを喜ぶ。
平成 24年 11月 17日生					（個人の重点）	（個人の重点）	（個人の重点） ・相手の気持ちや考えを聞きながら一緒に遊びを楽しむ。

ねらい
（発達を捉える視点）

健康	明るく伸び伸びと行動し、充実感を味わう。
	自分の体を十分に動かし、進んで運動しようとする。
	健康、安全な生活に必要な習慣や態度を身に付け、見通しをもって行動する。
人間関係	保育所の生活を楽しみ、自分の力で行動することの充実感を味わう。
	身近な人と親しみ、関わりを深め、工夫したり、協力したりして一緒に活動する楽しさを味わい、愛情や信頼感をもつ。
	社会生活における望ましい習慣や態度を身に付ける。
環境	身近な環境に親しみ、自然と触れ合う中で様々な事象に興味や関心をもつ。
	身近な環境に自分から関わり、発見を楽しんだり、考えたりし、それを生活に取り入れようとする。
	身近な事象を見たり、考えたり、扱ったりする中で、物の性質や数量、文字などに対する感覚を豊かにする。
言葉	自分の気持ちを言葉で表現する楽しさを味わう。
	人の言葉や話などをよく聞き、自分の経験したことや考えたことを話し、伝え合う喜びを味わう。
	日常生活に必要な言葉が分かるようになるとともに、絵本や物語などに親しみ、言葉に対する感覚を豊かにし、保育士等や友達と心を通わせる。
表現	いろいろなものの美しさなどに対する豊かな感性をもつ。
	感じたことや考えたことを自分なりに表現して楽しむ。
	生活の中でイメージを豊かにし、様々な表現を楽しむ。

指導上参考となる事項

平成 29 年度：
・何事にも積極的で、先頭に立って遊びを進めながら、自ら体を動かして好きな遊びを楽しんでいる。

・友達と考えが合わないと口調が強くなるが、時間がたつにつれ、自分で友達の考えに気付き、友達と折り合いを付けながら遊ぶ姿が見られる。

・園で栽培するナスの生長に興味を示し、毎日進んで水やりをする。近所にある畑のナスと見比べ、場所によって生長が違うことに気付き、不思議に思っていた。

・軒下にツバメの巣を発見し、友達や保育者と一緒に、ツバメのヒナを守ろうとする姿があった。

（特に配慮すべき事項）
既往症あり
（アレルギー除去食）

出欠状況		年度	年度	29年度
	教育日数			250
	出席日数			242

【満3歳未満の園児に関する記録】

園児の育ちに関する事項	平成　　年度	平成　　年度	✕ 平成　　年度
			既往症あり （アレルギー除去食）

こんな育ちが
積極的に遊びに取り組み、楽しんだり、友達の考えを受け入れたり、自分の気持ちをコントロールする姿に、「資質・能力」の「学びに向かう力、人間性等」の育ちが見えます。

こんな育ちが
動植物に興味をもち、変化に気付いたり、考えたりする姿に、「思考力、判断力、表現力等の基礎」、ヒナを守ろうとする姿に「学びに向かう力、人間性等」の育ちが見えます。

コレはNG！
ここに健康状態について書かない！　子どもの育ちが分かるエピソードを記入しよう！
〇「絵本の読み聞かせが好きで、絵に興味をもつ」

保護者と相談のうえ、保護者が希望すれば、「特に配慮すべき事項」に子どもの健康状態について記入してもOK。ただし、詳しい病名を書かず、「既往症あり」などと記載すること！

109

幼保連携型認定こども園園児指導要録

用紙の3枚目 「最終学年の指導に関する記録」の書き方

幼保連携型認定こども園園児指導要録（最終学年の指導に関する記録）

ふりがな	こいざわ　のぼる	指導の重点等	平成　30　年度	幼児期の終わりまでに育ってほしい姿	
氏名	鯉沢　登		（学年の重点）・自分でできることの範囲を広げ、就学に向けて生活に必要な基本的習慣を身に付け、健康で安全に過ごす。 ・友達との関わりの中で、互いに認め合いながら協力して同じ目的・目標に向かい、やり遂げることで喜びや達成感を味わう。	2章に示すねらい及び内容に基づいて、各幼稚園で、幼児期にふさわしい遊びや生活を積み重ねることにより、幼稚園教育において育みたい資質・能力が育まれている幼児の具体的な姿であり、特に5歳児後半に見られるようになる姿である。「幼児期の終わりまでに育ってほしい姿」は、とりわけ幼児の自発的な活動としての遊びを通して、一人一人の発達の特性に応じて、これらの姿が育っていくものであり、全ての幼児に同じように見られるものではない。	
	平成 24 年 5 月20日生		（個人の重点） ・よいことと悪いことが分かり、自分なりに考えて行動する。 ・友達や周りの人の思いや考えを聞いたり、受け入れたりして、自分の思いや考えを言葉で伝える。		
性別	男			健康な心と体	幼稚園生活の中で、充実感をもって自分のやりたいことに向かって心と体を十分に働かせ、見通しをもって行動し、自ら健康で安全な生活をつくり出すようになる。
ねらい （発達を捉える視点）			・体を動かして遊ぶことを好み、自分から積極的に友達を誘って、戸外でおいかけっこをしたり、遊具で遊んだり、意欲的に体を動かす姿が見られる。	自立心	身近な環境に主体的に関わり様々な活動を楽しむ中で、しなければならないことを自覚し、自分の力で行うために考えたり、工夫したりしながら、諦めずにやり遂げることで達成感を味わい、自信をもって行動するようになる。
健康	明るく伸び伸びと行動し、充実感を味わう。	指導上参考となる事項			
	自分の体を十分に動かし、進んで運動しようとする。		・年長児としての自覚が芽生え、友達に声をかけて率先して当番活動に取り組んだり、年下の子どもに優しく声をかけて世話を焼いたりする姿が見られる。周りを見て、見通しをもって行動したり、相手の立場に立って行動したりすることができるようになっている。	協同性	友達と関わる中で、互いの思いや考えなどを共有し、共通の目的の実現に向けて、考えたり、工夫したり、協力したりし、充実感をもってやり遂げるようになる。
	健康、安全な生活に必要な習慣や態度を身に付け、見通しをもって行動する。				
人間関係	保育所の生活を楽しみ、自分の力で行動することの充実感を味わう。		・雲の形や大きさが毎日変化することに気付き、「きょうのくもはすごくおおきいね」「ひつじみたい」などと友達と伝え合ったり、図鑑や絵本などで調べたりして、さらに興味関心を深めている姿が見られる。	道徳性・規範意識の芽生え	友達と様々な体験を重ねる中で、してよいことや悪いことが分かり、自分の行動を振り返ったり、友達の気持ちに共感したりし、相手の立場に立って行動するようになる。また、きまりを守る必要性が分かり、自分の気持ちを調整し、友達と折り合いを付けながら、きまりをつくったり、守ったりするようになる。
	身近な人と親しみ、関わりを深め、工夫したり、協力したりして一緒に活動する楽しさを味わい、愛情や信頼感をもつ。				
	社会生活における望ましい習慣や態度を身に付ける。		・積極的に発言をすることは少ないが、クラスの友達の前で発言する機会があると、恥ずかしそうにしながらも、自分なりの言葉で考えや案を伝えようとする姿が見られる。	社会生活との関わり	家族を大切にしようとする気持ちをもつとともに、地域の身近な人と触れ合う中で、人との様々な関わり方に気付き、相手の気持ちを考えて関わり、自分が役に立つ喜びを感じ、地域に親しみをもつようになる。また、幼稚園内外の様々な環境に関わる中で、遊びや生活に必要な情報を取り入れ、情報に基づき判断したり、情報を伝え合ったり、活用したりするなど、情報を役立てながら活動するようになるとともに、公共の施設を大切に利用するなどして、社会とのつながりなどを意識するようになる。
環境	身近な環境に親しみ、自然と触れ合う中で様々な事象に興味や関心をもつ。				
	身近な環境に自分から関わり、発見を楽しんだり、考えたりし、それを生活に取り入れようとする。		・保育室から虹を見て、「わぁ〜きれい」と心動かされ、絵の具で画用紙いっぱいに伸び伸びと虹をかいていた。このことがきっかけで、苦手だった描画活動が好きになり、もっとかきたいという意欲につながって、いろいろな画材を使って工夫しながら、思いのままに絵をかく姿が見られるようになった。	思考力の芽生え	身近な事象に積極的に関わる中で、物の性質や仕組みなどを感じ取ったり、気付いたりし、考えたり、予想したり、工夫したりするなど、多様な関わりを楽しむようになる。また、友達の様々な考えに触れる中で、自分と異なる考えがあることに気付き、自ら判断したり、考え直したりするなど、新しい考えを生み出す喜びを味わいながら、自分の考えをよりよいものにするようになる。
	身近な事象を見たり、考えたり、扱ったりする中で、物の性質や数量、文字に対する感覚を豊かにする。				
言葉	自分の気持ちを言葉で表現する楽しさを味わう。			自然との関わり・生命尊重	自然に触れて感動する体験を通して、自然の変化などを感じ取り、好奇心や探究心をもって考え言葉などで表現しながら、身近な事象への関心が高まるとともに、自然への愛情や畏敬の念をもつようになる。また、身近な動植物に心を動かされる中で、生命の不思議さや尊さに気付き、身近な動植物への接し方を考え、命あるものとしていたわり、大切にする気持ちをもって関わるようになる。
	人の言葉や話などをよく聞き、自分の経験したことや考えたことを話し、伝え合う喜びを味わう。				
	日常生活に必要な言葉が分かるようになるとともに、絵本や物語などに親しみ、言葉に対する感覚を豊かにし、保育士等や友達と心を通わせる。			数量や図形、標識や文字などへの関心・感覚	遊びや生活の中で、数量や図形、標識や文字などに親しむ体験を重ねたり、標識や文字の役割に気付いたりし、自らの必要感に基づきこれらを活用し、興味や関心、感覚をもつようになる。
表現	いろいろなものの美しさなどに対する豊かな感性をもつ。				
	感じたことや考えたことを自分なりに表現して楽しむ。			言葉による伝え合い	先生や友達と心を通わせる中で、絵本や物語などに親しみながら、豊かな言葉や表現を身に付け、経験したことや考えたことなどを言葉で伝えたり、相手の話を注意して聞いたりし、言葉による伝え合いを楽しむようになる。
	生活の中でイメージを豊かにし、様々な表現を楽しむ。		（特に配慮すべき事項） 特になし		
出欠状況	30　年度			豊かな感性と表現	心を動かす出来事などに触れ感性を働かせる中で、様々な素材の特徴や表現の仕方などに気付き、感じたことや考えたことを自分で表現したり、友達同士で表現する過程を楽しんだりし、表現する喜びを味わい、意欲をもつようになる。
	教育日数	251			
	出席日数	235			

学年の重点：年度当初に、教育課程に基づき長期の見通しとして設定したものを記入
個人の重点：1年間を振り返って、当該園児の指導について特に重視してきた点を記入
指導上参考となる事項：
(1) 次の事項について記入
　①1年間の指導の過程と園児の発達の姿について以下の事項を踏まえ記入すること。
　・幼保連携型認定こども園教育・保育要領に示された養護に関する事項を踏まえ、第2章第3の「ねらい及び内容」に示された各領域のねらいを視点として、当該園児の発達の実情から向上が著しいと思われるもの。
　　その際、他の園児との比較や一定の基準に対する達成度についての評定によって捉えるものではないことに留意すること。
　・園生活を通して全体的、総合的に捉えた園児の発達の姿。
　②次の年度の指導に必要と考えられる配慮事項等について記入すること。
　③最終年度の記入に当たっては、特に小学校等における児童の指導に生かされるよう、幼保連携型認定こども園教育・保育要領第1章総則に示された「幼児期の終わりまでに育ってほしい姿」を活用して園児に育まれている資質・能力を捉え、指導の過程と育ちつつある姿を分かりやすく記入するように留意すること。その際、「幼児期の終わりまでに育ってほしい姿」が到達すべき目標ではないことに留意し、項目別に園児の育ちつつある姿を記入するのではなく、全体的、総合的に捉えて記入すること。

学年の重点

- 最終年度の初めに、教育課程に基づいて、その学年の担当保育教諭で話し合って決定した学年共通の指導重点を記入しよう。

個人の重点

- 最終年度の1年間を振り返り、その子どもに対して特に重点的に指導してきた点を書こう。

指導上参考となる事項

詳しい書き方はPART2（33ページ〜）へ

特に配慮すべき事項

余計なことは書かない！

- 子どもの健康状態など、その子を指導するうえで配慮が必要なことを記入する欄だけど、病歴などの個人情報は、基本的に書かないようにするよ。
- 特に書くことがない場合は、書き忘れでないことが分かるように、「特になし」などと記入しよう。

出欠状況

教育日数と出席日数を書こう！

- 「教育日数」には1年間に教育した総日数を記入しよう（107ページ参照）。
- 「出席日数」は、早退や遅刻も含め、1年間に出席した総日数を書こう。

「その子の中で大きく成長したところを書く」「他の子と比べない」。これは最終学年に限らず、全ての学年の記入で徹底しよう！

欄外にも注目

「幼保連携型認定こども園園児指導要録」の2、3枚目の欄外に注目！ ここには記入内容のガイドの他、子どもの捉え方や10の姿の考え方など、「要録」を書くときに押さえておきたいポイントがまとめられているから、必ずチェックしてね。

学年の重点：年度当初に、教育課程に基づき長期の見通しとして設定したものを記入
個人の重点：1年間を振り返って、当該園児の指導について特に重視してきた点を記入
指導上参考となる事項：
(1) 次の事項について記入
　①1年間の指導の過程と園児の発達の姿について以下の事項を踏まえ記入すること。
　・幼保連携型認定こども園教育・保育要領に示された養護に関する事項を踏まえ、第2章第3の「ねらい及び内容」に示された各領域のねらいを視点として、当該園児の発達の実情から向上が著しいと思われるもの。
　　その際、他の園児との比較や一定の基準に対する達成度についての評定によって捉えるものではないことに留意すること。
　・園生活を通して全体的、総合的に捉えた園児の発達の姿。
　②次の年度の指導に必要と考えられる配慮事項等について記入すること。
　③最終年度の記入に当たっては、特に小学校等における児童の指導に生かされるよう、幼保連携型認定こども園教育・保育要領第1章総則に示された「幼児期の終わりまでに育ってほしい姿」を活用して園児に育まれている資質・能力を捉え、指導の過程と育ちつつある姿を分かりやすく記入するように留意すること。その際、「幼児期の終わりまでに育ってほしい姿」が到達すべき目標ではないことに留意し、項目別に園児の育ちつつある姿を記入するのではなく、全体的、総合的に捉えて記入すること。
(2) 「特に配慮すべき事項」には、園児の健康の状況等、指導上特記すべき事項がある場合に記入すること。

大方美香（おおがた・みか）
大阪総合保育大学大学院教授

博士（教育学）。専門分野は保育学、幼児教育学、乳児保育カリキュラム。保育所児童保育要録の見直し検討会構成員（厚生労働省）、幼児理解に基づいた評価に関する検討会委員（文部科学省）として、新要録の検討に関わる。現在、日本保育学会理事、日本乳幼児教育学会理事などを務める。保育に関する著書多数。

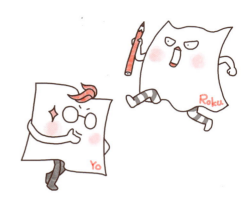

執筆協力園
社会福祉法人 あけぼの事業福祉会 あけぼのドロップス（藤田　勲）
社会福祉法人 堺暁福祉会 幼保連携型認定こども園 かなおか保育園（花咲宣子）

編集制作
WILL（片岡弘子／久保緋菜乃）
小川由希子

表紙・カバーデザイン
フレーズ（大薮胤美）

本文デザイン
フレーズ（五味朋代）

本文DTP
WILL（新井麻衣子／小林真美）

表紙・カバーイラスト
sayasans

本文イラスト
赤川ちかこ／今井久恵／みやれいこ

校正
鷗来堂／村井みちよ